KB134083

50부터는 성공도 실패도 없다

라이프 스타일을 바꿔라!

50부터는
성공도 실패도 없다

아리카와 마유미 지음

노경아 옮김

21세기문화원

이 책을 읽으면 당신은 다음과 같이 변할 것입니다.

1 자신이 무엇을 하고 싶은지, 무엇을 할 수 있는지를 구체적으로 생각하게 된다.

2 자신의 다양한 가능성을 발견하여 의외로 많은 일을 실현할 수 있다는 사실을 깨닫는다.

3 자기 자신의 프로듀서로서 자신을 매력적으로 연출할 수 있게 된다.

4 경제와 생산성보다 행복과 자기실현을 중시하는 삶으로 전환한다.

5 살아갈 수단은 얼마든지 있음을 알게 되어 경제적 불안에서 해방된다.

6 시간·돈·에너지를 낭비하지 않고 중요한 일, 소중한 사람에게 쓰게 된다.

7 매일 적극적으로 새로운 것을 배우고 경험하며 설레는 마음으로 살기 시작한다.

들어가며

50살부터 꽃피는 사람이 되려면 늘 노는 것처럼 살아야 합니다. 인생 후반에는 라이프 스타일을 한번 바꿔 보세요. 다름 아닌 '노는 듯 살기'로!

'놀이'란 그 자체로 '신난다', 재미있다'는 기쁨을 느낄 수 있는 활동입니다. 생활도 취미도 놀이가 되겠지만, 일이야말로 가장 몰입할 수 있는 최고의 놀이가 아닐까요?

지금까지 힘든 일이 있어도 '돈을 받는 것', '회사의 일원으로 세상에 인정받는 것', '복리후생을 누리는 것' 등을 보상으로 여기고 일해 왔는지도 모릅니다.

하지만 앞으로는 일 자체의 보람이나 즐거움을 최대의 보상이자 목적으로 삼아 보세요. 성인이라도 신나게 노는 듯한 기분으로 일할 수 있습니다. 물론 사람의 목숨이 걸린 일이라면 '놀이'는 너무 경박한 표현이겠지요. 그러나 어떤 일이든 '하고 싶어서 하는 일'이란 사실은 변함이 없을 것입니다.

일이란 남을 기쁘게 하고 남에게 도움을 주면서 코인을 모으는 게임과도 비슷합니다. 남을 기쁘게 할수록 코인은 많이 모이고 본인의 행복과 발전과 신뢰로 이어져서 더욱 삶이 윤택해진답니다.

이 게임이 재미있는 이유는 다음과 같습니다.
• 어느 정도 승리가 예상되니까
• 그렇다고 쉽게 이길 수는 없으니까
• 쑥쑥 성장해서 레벨업할 수 있으니까
• 마음 맞는 게임 친구를 만들 수 있으니까

이렇게 재미있는 게임을 찾아냈다면 당신은 이미 절반을 성취한 셈입니다. 젊은 세대도 당신을 보고 '즐거운 인생, 참 보기 좋더라'고 생각하지 않을까요?

50부터는 '자기 우선'으로 살 수 있다

'자기 우선'으로 산다는 것은 이기적으로 산다는 말이 아닙니다. 회사나 가족의 일원이 아닌 한 사람의 개인으로서 무엇을 할 수 있는지를 찾아 나간다는 말입니다.

10대·20대 때는 잘 모릅니다. 무엇을 하고 싶은지, 어떤 능력이 있는지를요. 그런데도 우리는 얼결에 직업을 선택하고 일을 시작합니다. '이게 최선인가?'라는 의문이 사뭇 들지만, 일단 선택한 노선을 변경하기는 쉽지 않습니다. 특히 가정을 꾸리고 집을 마련하느라 빚까지 지고 나면, 조직이라는 열차에 몸을 맡긴 채 그 레일에서 벗어날 수 없게 됩니다.

그렇지만 50부터는 기존 노선을 변경할 때입니다. 마치 어린애가 설레며 모험을 하듯, 그냥 호기심이 이끄는 대로 찬찬히 발걸음을 옮겨 봅시다. 자신의 삶에 몰입하는 시간이야말로 가장 아름답고 행복합니다. 어디선가 자신이 도움이 되고, 쓸모가 있게 된다면 주변 사람들과의 관계도 더 돈독해지리라 믿습니다.

50부터 꽃피는 사람은 성공도 실패도 없다

'50부터 꽃핀다'는 말은 '노는 듯 즐기며, 무리하지 않고 느긋하게 자신의 가능성을 발휘한다'는 뜻입니다. 단순히 돈을 많이 벌고 사회적 지위가 높아지는 것만을 가리키지 않습니다.

50대는 인생의 후반입니다. 바야흐로 피어날 '가능성'이 있습니다. 그 가능성은 자원봉사나 창작 활동 등 모든 도전과 배움에도 확장되긴 하지만, 이 책에서는 주로 일에 대해 쓰려고 합니다.

'자기 우선으로 살기', '노는 듯 살기'란 자신에게 정직하게 사는 태도와 관련됩니다. 거듭 밝히지만, 이기적으로 제멋대로 살자는 말이 아닙니다.

50부터 하고 싶은 일을 추구하려면 다음 세 가지 조건을 충족해야 합니다.

• 자신이 하고 싶은 일, 할 수 있는 일이 무엇인지 안다.
• 남에게 필요한 사람, 남을 기쁘게 하는 사람이 된다.
• 서로 돕는 사람들, 서로 지지하는 사람들과 교류한다.

하고 싶은 일을 하며 주변 사람들과 사회에 도움을 주다 보면, 여러분은 세상 누구보다 생기 있고 빛나는 사람이 될 것입니다. 자기 능력을 활용하는 법만 알면, 평생 일거리가 떨어질 걱정도 없답니다.

나이 먹은 사람에게 가장 슬픈 상황이 두 가지 있습니다. 하고 싶은 일을 안 해서 후회하는 상황, 그리고 아무도 자신을 필요로 하지 않는 상황입니다.

인생의 마지막 순간에 가장 후회하는 것은 '했다가 실패한 일'이 아니라 '하고 싶었는데 못한 일'이라는 말도 있지 않습니까?

은퇴 이후에 취미 생활이나 여행 등 하고 싶은 일만 하고 지내겠다는 사람도 많은데, 자신에게 국한된 활동만으로는 성장이나 만족도에 분명히 한계가 있습니다.

자신만 위할 때는 열심히 하기 어렵지만, '저 사람을 기쁘게 하고 싶다', '사회에 조금이나마 도움이 되고 싶다'는 열정이 있으면, 몇 배로 노력하기 마련입니다. '당신이 있어 다행이야'라는 말 한마디에 구원을 받기도 하니까요.

50대 이후는 조직과 연고에 얽매이지 않고 자유롭게 일이나 인간관계를 선택할 수 있습니다. 사회에 공헌하고 서로 도움으로써 사람과 이어질 수 있는 것이죠.

어떤 사람이든 몇 살부터라도 꽃을 피울 수 있습니다. 남이 꽃피우는 것을 돕다가 자신이 꽃피기도 하고요. 여러 번 꽃피는 사람이 있는가 하면, 오랫동안 공들여 큰 꽃을 피우는 사람도 있습니다.

50부터 꽃피는 사람은 나를 남과 비교하거나 경쟁하지 않고 오직 자기 길로 나아갑니다. 성공도 실패도 없습니다. 그때그때 일을 즐기고 음미할 따름입니다.

"앞으로 어떻게 살아갈까?"

이렇게 자신과 대화하는 심정으로 이 책을 읽어 주시면 좋겠습니다.

그럼 저와 함께 진짜 인생을 향해 출발해 봅시다.

아리카와 마유미

차   례

제1장

50부터는
자기 우선으로 살자

인생 후반에는 일하기 싫다고?

— 남을 위해 하기 싫은 일을 해 왔기 때문

이 책을 쓰면서 주변 사람들에게 '인생 후반에는 어떻게 살고 싶은지' 물어보았습니다.

그러자 절반 이상이 '일은 하기 싫다'고 답하더군요.

'늙어서까지 일하기 싫다', '몸도 힘들고 스트레스도 많이 쌓였다.', '퇴직금과 연금으로 그냥저냥 살고 싶다', '취미나 즐기며 내 생활에 충실하고 싶다'는 것이었죠. 심지어 '복권에 당첨되어 일을 그만둘 수 있으면 좋겠다'는 사람도 있었고요. 중년·노년층뿐만 아니라 젊은 세대 중에도 그렇게 생각하는 사람이 많았습니다.

그들은 왜 노년에는 일하기 싫다고 했을까요? 그 본질적 이유는 지금까지 다른 사람을 위해 하기 싫은 일을 해 왔기 때문입니다.

오랫동안 조직에서 착실히 일했던 사람, '해야 한다'는 숨 막히는 중압감 속에서 남보다 더 열심히 살았던 사람일수록 일에서 벗어나고 싶은 마음이 강합니다.

반면, '내가 하고 싶어서 지금의 일을 하고 있다'고 생각하는 사람은 일해서 성과를 내고 남을 기쁘게 하는 것이 너무 즐겁다며 '체력이 허락하는 한 끝까지 일하고 싶다'고 말합니다.

그리고 '10년 후엔 이런 일을 해 보고 싶다', '저런 사람이 되고 싶다', '그 일에 도전하고 싶다'는 의욕을 불태우며 날이 갈수록 점점 더 발전해 나갑니다.

이 둘의 차이점은 매일의 행동을 '남이 정하느냐' 아니면 '스스로 정하느냐'에 있습니다.

인생의 결정권을 회사에 맡기면 걱정 없이 편히 살 수 있을 것 같지만 천만에요! 실제로는 참을 일이 더 많아집니다. 회사에서 일하는 동안에는 항상 회사의 규칙을 우선해야 하니까요. 이해되지 않는 규칙까지 지켜야 하고, 아무리 힘들어도 자기 사정에 맞춰 일할 수 없습니다.

특히 지금 50대 이상인 사람은 일 때문에 개인의 생활·공부·취미·놀이 등 사생활을 어느 정도 희생해 왔을 것입니다. 그들은 출근해서 정시까지 일하고, 분위기를 봐 가며 행동하고, 압박감을 견디며 주어진 임무를 수행했겠죠. 이처럼 남이 정한 규칙을 몇십 년이나 따르다 보면, '늙어서까지 일하기 싫다'는 것도 무리가 아닙니다.

누구나 '고생하기 싫다', '편하게 지내고 싶다'는 마음이 어느 정도 있습니다. 지킬 것이 늘어날수록 모험을 피해 안전한 길을 가려 합니다. 나이가 들수록 무조건 편안한 길을 택하기 쉽죠. 실패할 경우, 자존심을 상하고 체면을 구길까 두려워하기 때문입니다.

그러나 편안한 길만 가다 보면, 자기의 진가를 발휘하지 못하고 불만만 가득한 인생을 살게 됩니다.

이제 인생과 일을 보는 관점을 완전히 바꿀 필요가 있습니다. '편한 쪽'이 아니라 '재미있는 쪽'을 선택해야 합니다.

예를 들자면, 편하지만 속박이 있는 단체 패키지여행을 선택하기보다 약간 번거롭지만 즐거움과 설렘이 있는 나 홀로 자유여행을 선택하라는 말입니다. 누구나 혼자 여행할 수 있습니다. 게다가 인생은 원래 혼자 떠나는 여행이 아닌가요?

50대 이후에는 회사나 가족과의 관계가 크게 달라지니, 삶의 방식을 바꿀 좋은 기회입니다.

호기심과 흥미를 따라 마음이 이끄는 대로 한번 걸어가
보세요. 편한 길을 선택했을 때보다 결과적으로 스트레스
가 훨씬 적을 것이고, 개인적 성장과 사회적 평가와 경제적
안정도 자연스럽게 따라올 것입니다. 무엇보다 날마다 생
활이 즐거워집니다. 자신의 인생을 스스로 결정해야 몸과
마음에도 긍정적인 영향을 미칩니다.

　제1장에서는 이처럼 '자기 우선으로 일하는 법'을 소개
하겠습니다.

　○ 편한 길보다 즐거운 길을 가자

고용해 주기만 해도 고맙다고?

― 회사는 나만큼 나를 사랑하지 않는다

정년은 해마다 늘어 결국은 '70세 정년' 시대가 열렸습니다. 조만간 '75세 정년', '정년 없음'도 현실이 될지 모릅니다.

이에 대한 반응은 '그렇게 늙어서까지 일하라고? 연금으로 먹고살려 했는데…', '아냐, 일할 곳이 있다는 것만 해도 고마운 일이야'라는 식으로 다양하게 갈립니다.

하지만 공통점이 있다면, 모두가 '일하는 상태 = 회사에 고용된 상태'라는 인식 위에서 인생을 설계한다는 것이죠. 그래서 하나같이 '되도록 안정적으로 돈을 많이 버는 일'을 선호하는 듯합니다.

저는 정년 연장 소식을 들을 때마다 '이게 덮어놓고 기뻐할 일인가!' 하는 의문이 들었습니다. 물론 생활은 안정되겠지만, 늘어난 정년에 '자기 인생을 살 기회'를 빼앗길지도 모른다고 염려했기 때문입니다.

조직에서 일하는 사람들은 아무런 의문 없이 '이것이 내 인생'이라고 착각하기 쉽습니다. 하지만 그것이 과연 사실일까요?

주변에 맞추다 보면 남이 원하는 것을 자신도 원하고, 남이 옳다고 생각하는 것을 자신도 옳다고 생각하게 됩니다. 자기 내면에서 솟아나는 목소리에 아예 귀를 막아 버리는 꼴입니다.

우리는 어릴 때부터 부모님과 선생님께 '착한 아이가 될 것'을 요구받았고, 성인이 된 후에는 사회로부터 '협조적일 것', '경쟁에서 이길 것'을 강요받았습니다. 그런 가치관이 각인된 탓에 조직에서 방출되면 무엇을 해야 할지, 무엇을 하고 싶은지도 모르는 얼간이가 되어 버립니다.

물론 그 삶을 부정할 생각은 없습니다. 가치관이나 사회구조는 개인의 성장에 영향을 미치고, 저 역시 그 혜택을 누렸으니까요. 먹고살기에도 벅찬 세상인지라 저의 자리를 찾고 지키기 위해 필사적으로 매달린 덕분에, 일을 익히고 인간관계도 배울 수 있었답니다.

하지만 남은 인생을 생각할 때마다 '이대론 끝내기 싫다!'는 외면할 수 없는 마음이 솟구칩니다.

인생 상담을 많이 해 주는 한 스님은, '일을 그만둬야 할지 고민입니다', '가족과의 관계가 힘듭니다', '저는 어떻게 살아야 할까요?'라며 연일 밀려드는 상담 의뢰에 매번 똑같은 질문을 던진다고 합니다.

"그래서 당신은 어떻게 하고 싶습니까?"

'이렇게 하면 된다'는 정답은 없으니, 먼저 '어떻게 하고 싶은지'를 안 후에 그 방법을 함께 생각해 보자는 것입니다. 모든 문제의 해결은 '나는 어떻게 하고 싶은가'라는 질문에서 시작됩니다.

원래 하던 이야기로 돌아갑시다. 자기 인생을 소중히 여기고 싶으면, 일단 멈춰서서 인생의 의미를 되새겨 볼 필요가 있습니다. '주변에서 좋게 여기는 삶'이 아니라 '자신이 만족하는 삶'을 살아야 하니까요.

자신이 만족하는 삶은 그리 어렵지 않습니다. 오히려 이전보다 훨씬 쉬울 것입니다.

작은 일이라도 '해야 한다'가 아니라 '하고 싶다'를 기준으로 선택하고, 머리로 이것저것 생각하기보다 마음의 반응을 소중히 여기기만 하면 됩니다.

인생에서 '반드시 해야 한다'고 정해진 것은 하나도 없습니다.

먹고 싶은 음식, 만나고 싶은 사람, 가고 싶은 장소, 보고 싶은 것, 듣고 싶은 것, 휴일에 하고 싶은 일 등등. 자신이 기뻐하는 것을 선택하다 보면 자신이 무엇에 설레고 무엇을 싫어하는 사람인지, 어떤 환경에서 기분이 좋아지는지 알게 됩니다. 자신이 어떤 일을 하면 만족할지, 어떤 직업을 선택해야 행복할지도 시나브로 깨닫게 될 것입니다.

'자기 자신'이란 누구나 제일 잘 알 듯하면서도 제일 모르는 존재입니다. 그러므로 오랫동안 회사에서 일한 사람, 가족을 우선하여 산 사람일수록 지금 한 번쯤 자신을 돌아볼 필요가 있습니다.

자기만족과 자기 행복을 추구해 나가려면, 결국은 자기를 기쁘게 만드는 것을 발견하여 거기에 시간과 에너지를 쓸 수밖에 없습니다.

○ 판단 기준은 '해야 한다'가 아니라 '하고 싶다'이다

회사가 없어질까 두렵다고?

— 회사도 가족도 영원하지 않다

제 이야기를 조금 해 보겠습니다.

예전에 회사원으로 혹독하게 일할 때 문득 이런 생각이 들더군요.

'일하면 일할수록 불행해지는 것 같다.'

애를 쓸수록 몸과 마음이 망가질 뿐, 번 돈을 쓸 시간도 없었고, 친구나 가족과 함께할 마음의 여유도 없었습니다. 그래도 그만두지 못한 까닭은 어렵게 들어간 회사를 그만두면 '패배자', '도망자'가 된다고 생각했기 때문입니다. 아니, 솔직히 말해 회사의 직함이 사라진 뒤에 주변에서 저를 '아무것도 아닌 ×', '한심한 ×'이라고 얕볼 것이 더 두려웠답니다.

하지만 결국 몸이 나빠져 회사를 그만두게 되었습니다. 그리고 반년 후 재취업할 곳을 알아보았는데, 이전의 경력이 아무 도움도 되지 않는다는 것을 알고 기가 막혔습니다. 사내에서는 상까지 받으면서 순조롭게 승진했지만, 회사 밖에서는 낙동강 오리알 신세였던 거죠. '저는 이 일을 할 수 있습니다'라고 당당히 내세울 만한 것이 하나도 없었습니다.

그 후 다양한 일에 종사했습니다. 웨딩 회사에 다니며 촬영 기술을 익혀 프리랜서로 활동하다가 마지막에는 위탁 사원으로 신문사에서 일하게 되었습니다. 거기서 정년까지 일할 생각으로 느긋하게 마음먹고 있었는데, 법률이 바뀌는 바람에 어느 날 갑자기 그곳의 계약마저 중단되고 말았습니다. 40살 직전이었으니 정년이 20년이나 앞당겨진 셈이었죠.

당시에는 잠자리에 들 때마다 '내가 정녕 원하는 건 무엇일까?'라고 자문했습니다. 그러던 어느 날 아침, 카메라를 메고 해외에서 취재하는 제 모습이 머릿속에 떠올랐습니다. 뭔가 시작하지 않으면 도저히 견딜 수 없는 기분이 들었고, 실제로 몇 달 후에 행동을 개시했습니다.

처음부터 일이 잘 풀리지는 않았습니다. 세계를 방랑하다 돌아왔을 때는 욕실조차 없는 요코하마(横浜)의 외딴집에 세 들어 살며 주간지에서 찾은 일용직 아르바이트로 근

근이 연명해야 했습니다. 그러나 제가 원하는 길을 끝까지 가 보려 했던 그때의 여정은 어느 모로 봐도 '즐거운 길', '행복한 길'이었습니다.

혹시 제 이야기를 듣고, '그땐 젊었으니까 첫걸음을 내디딜 수 있었겠지', '우연히 운이 좋아서 잘된 것뿐이야'라고 생각하셨나요?

나이가 몇인지, 어떤 사람을 만나는지도 물론 중요하죠. 하지만 저는 50살·60살에 조직에서 방출되더라도 제가 할 수 있는 다른 일을 찾아낼 것입니다. 그동안 지혜도 더 쌓이고 인간관계도 더 풍부해진 만큼, 가진 자원을 살리면 오히려 더 재미있는 여행을 할 수 있을 테니까요.

지금까지 저는 회사원·파견사원·프리랜서·경영자 등 50개가 넘는 직업을 거치면서 다양한 경험을 했습니다. 끊임없이 새로운 환경에 뛰어드는 삶이었죠.

세상 사람들은 '한 번 들어간 회사를 계속 다니는 게 좋다', '회사원은 한 회사를 오래 다녀야 가치가 높아진다'고 말합니다. 그러나 원래 회사는 영원하지 않습니다. 심지어 가족의 형태도 변합니다. 누구에게나 언젠가 회사나 가족의 역할에서 해방되는 날이 옵니다.

'배움(20세 전후까지) → 노동(60세 전후까지) → 노후(죽기까지)'
라는 획일적인 라이프 코스는 없어졌지요. 지금은 누구나
나이에 상관없이 '배움', '일', '놀이'를 동시에 진행하며 유
연하게 변화하는 시대입니다. 일하면서 배우고 놀 줄 아는
사람에게만 인생의 다음 단계가 열립니다.

회사를 보는 눈도 달라져야 합니다. '일만 시키다가 늙으
면 쫓아낼 곳'이라고 생각하기보다는 주체적인 관점으로
'하나의 발판'으로 여기는 게 좋습니다.

제2장·제3장에서 더 자세히 언급하겠지만, 회사를 넘어
사회 전체를 자신의 영역으로 삼는다면 50대 이후에도 활
약할 방법은 무궁무진합니다. 수십 년 동안 일해 온 회사원
이나 평생 가사와 육아에만 전념해 온 주부라도 얼마든지
다른 일을 시도할 수가 있습니다. 그뿐만 아니라 이전보다
훨씬 많은 사람을 직접적으로 행복하게 만들 방법을 찾아
낼 수도 있습니다.

○ 나이는 숫자! 배움·일·놀이를 동시에!

이제 와서 그따위 일은 못 한다고?

— 주변의 인정이 자신의 가치는 아니다

'지방에는 일자리가 없다'며 수도권으로 다시 유턴하는 사람이 많습니다. 중년이든 노년이든 청년이든 하나같이, '지방에는 일할 회사가 없다', '월급이 너무 짜다', '정사원을 뽑지 않는다'고 한탄합니다.

하지만 다시 한번 생각해 봅시다. 코로나 사태 이후, 원격으로 일할 수 있는 자리가 확 늘었습니다. 게다가 지방에는 요양·보육·농업·운송업 등의 일손이 항상 부족합니다. 그러므로 사고가 유연한 사람은 관련 분야에서 일거리를 찾아냅니다. 가게나 회사를 직접 차리기도 하고, 마을 부흥이나 자원봉사 활동도 하면서 지역에 녹아듭니다.

그러나 대기업 출신이나 임원 출신 중에는 퇴직 후에도 이름값이나 직위에 얽매여 '이제 와서 그런 일은 못 하겠다'고 말하는 사람이 많습니다. 전업주부 역시, 자녀가 독립하여 드디어 자기 인생을 살 수 있게 되었는데도, '이제 와서 아르바이트나 시간제 일은 하기 싫다'고 말하는 사람이 꽤 있습니다.

기분 상하는 말일지 모르지만, 그런 자존심만큼 거추장 스러운 것도 없습니다. 그 사람들은 아마 주변의 인정이나 남과의 비교를 통해서 평생 자신의 가치를 측정해 왔을 것 입니다. 그러다 보니 자신감이 없어서 과거의 지위나 영광 을 내세우며 그럴싸한 직함으로 자신을 무장하려는 것이 아닐까요?

정말로 자신 있는 사람은 겸허합니다. 자신이 가치 있다 는 사실을 원래부터 잘 알고 있으므로 급히 꾸미거나 일부 러 남을 내려다볼 필요가 없으니까요. 성장을 위해 나이 어 린 사람에게도 고개 숙이고 배우며, 남의 이야기에도 귀를 잘 기울이죠.

주변에서 자신을 어떻게 볼지 신경 쓰는 사람이 많지만, 사람들은 생각보다 여러분에게 관심이 없답니다. 남들에게 인정받으려 애쓰는 삶에서 벗어나 스스로 자신을 인정하고 좋아하는 삶을 살았으면 합니다.

우리나라 사람들은 일에 대한 가치관을 완전히 바꿀 필 요가 있습니다. 다행히 중년이나 노년보다 청년이 먼저 변화하여, 수입보다 개인의 행복과 성장을 중시하기 시작했습니다. 자신을 희생하면서 일해 봤자 대단한 보답이 없다는 사실을 피부로 느낀 모양입니다.

요즘 청년들은 직함이나 수입보다 보람과 기분을 중시합니다. '어디에 속하느냐'보다 '어떤 사람이 되느냐', '누구와 연결되느냐'에 관심을 기울입니다. 그들은 회사의 상하관계 속에서 소모되거나 위로 올라가려고 경쟁하지 않고, 횡적 연결을 통해 다른 사람과 협력하면서 자신의 고유한 힘을 발휘할 방법을 찾습니다.

나이가 많을수록 이전의 가치관을 바꾸기는 어렵습니다. 그렇다고 한자리에 머물러서는 안 됩니다. 먼저 변화한 사람부터 이전의 저주에서 해방되어, '무리하지 않고 느긋하게' 사는 혜택을 누리게 될 것입니다.

'남에게 인정받고 싶다'는 승인 욕구는 누구에게나 있습니다. 아마 그 욕구는 죽을 때까지 우리를 따라다니겠죠. 그것이 허세로 나타나는 것도 사실입니다. 그래서 더더욱 '전○○'라는 직함에 의존하는 한심한 사람이 되지 말아야 합니다.

회사가 사라지면 이해관계로 맺어진 사람들은 일제히 흩

어집니다. 그런데 회사가 없어져도 만나고 싶고, 함께 일하고 싶은 사람은 과연 누구일까요? 인품이나 일하는 방식이 매력적인 사람입니다. 또 열정적으로 어떤 일에 전념하거나, 자기 세계의 특색을 살려서 하고 싶은 일을 느긋하게 즐기는 사람입니다. 즉 '끝난 사람'이 아니라 '지금 살아 있는 사람'이겠죠. 그런 사람은 누가 봐도 멋있고 존경스럽지 않을까요?

'이제 와서 그런 일은 하기 싫다'고 생각했던 사람들은, 지금부터라도 자신을 기쁘게 하는 동시에 남에게도 인정받는 능력을 길러야 합니다. 일을 선택하기보다 선택받는 사람이 되는 것이 먼저입니다.

○ 과거가 아닌 '지금의 나'에 대한 자신감이 필요하다

나이 먹으니까 할 만한 일이 없다고?

— 시방 젊은이들과 비슷한 일자리로 경쟁하려고?

얼마 전에 다리가 불편하신 어머니를 다른 병원으로 옮겨 드리기 위해 병원에 장애인 택시를 불러 달라고 부탁한 적이 있습니다.

그때 택시를 운전해 주신 70대 기사님이 매우 인상적이었습니다. 어머니께 "춥지 않으세요?"라고 여쭈며 깨끗한 담요를 덮어 주시고 부드럽게 대화를 이끌어 주셨습니다. 운전도 조심스러워서 고속도로였는데도 진동이 적었고, 그 외에도 환자가 차 안에서 편하게 쉴 수 있도록 이것저것 장치를 마련해 두신 것이 눈에 띄었습니다.

물어보니 택시를 직접 개조했다고 합니다.

"역시 프로다우시네요. 이 일을 오래 하셨어요?"라고 다시 묻자, 이런 대답이 돌아왔습니다.

"아뇨, 몇 년 전에 시작했어요. 부모님 요양 때문에 고향으로 돌아와서 시립 병원을 오가다 보니 병원 직원과도 안면을 트게 됐는데, 어느 날 사무장이 일을 도와 달라고 하더군요."

사무장도 아무한테나 일을 제안하지는 않았을 것입니다. 아마도 부모님을 부축하거나 대화하는 모습을 지켜보다가, '이 사람이라면 잘할 수 있겠다'고 생각했을 것입니다.

"원래 보통 면허는 2종밖에 없었는데, 그때 요양 직원 초임자 연수를 받고 택시 면허를 땄어요. 지금은 여러 병원에서 의뢰가 와서 하루에 500킬로씩 운전할 때도 있고요."

애초에 그는 간사이(関西)에서 중장비 임대 회사를 경영했으므로, 다양한 중장비를 취급하기 위해 자격증을 20종 이상 취득했다고 합니다. 창업자로서 회사를 성장시켰지만, 이혼하면서 아내와 아들에게 재산을 넘겨주고 혼자 고향에 돌아왔다더군요.

이처럼 눈에 보이는 자산은 사라져도 일을 대하는 자세나 사고방식, 기술 등 그 사람 안의 자산은 사라지지 않는 법입니다. 그래서 안목 있는 사람은 누군가와 이야기를 잠시만 제대로 나눠 보아도, '이 사람이라면 잘할 것이다', '이 사람은 어렵겠다'고 금방 판단할 수 있습니다.

그런데도 대부분 사람들은 '나이 먹으니까 할 만한 일이 없다'고 합니다. 그 이유는 그들이 젊은이들과 비슷한 일자리를 두고 경쟁하기 때문입니다.

실제로 이직을 시도해 본 사람이라면 50살은 고사하고 30살만 넘어도 특별한 기술이나 자격 없이는 재취업이 어렵다는 사실을 잘 알 것입니다.

일반적인 입사 요건에 자신을 끼워 넣으려 하면 '기술 부족', '경험 부족', '자격 없음', '나이 많음', '경직된 사고', '체력 부족' 등 결격 사유가 한둘이 아닐 테죠. 그러니 나이를 먹으면 일자리가 없다고 생각하기 쉽습니다. 비록 지금 회사를 다니는 사람일지라도, 단순히 회사가 요구하는 인재가 되려고 하면 '○○ 기술 부족', '실적 부족', '리더십 부족' 등 자신의 부족한 점을 메우는 데에만 필사적으로 매달리게 될 것입니다.

'회사 우선의 삶'에서 '자기 우선의 삶'으로 전환하려면 정반대로 생각할 필요가 있습니다. 이제는 '부족한 것' 말고 '이미 가진 것'에 주목해 보세요.

사실은 '자격'이나 '직무 경험' 등 눈에 보이는 자산이 아니라 '통찰력', '소통 능력', '문제 해결력' 등 본인도 자각하지 못하는 자산이 더 중요합니다. '사람과 대화하는 것을 좋아한다', '감각이 뛰어나다는 평가를 받는다', '환경 문제에 관심이 많다'는 등의 취향이나 특기, 호기심이야말로 에너지의 원천이 될 최대의 자산입니다.

자기 내면에 이미 갖춰진 무형의 자산을 총동원하면 그 성과는 자연스레 따릅니다. '늙음'도 소중한 자산이 될 수 있습니다.

건강식품을 판매하는 홈쇼핑 채널에는 1980~1990년대에 활동했던 보디빌더와 개인 트레이너가 자주 등장합니다. 그들은 80~90대의 나이에도 건강하고 탄탄한 몸을 유지하는 덕분에 지금 그렇게 활약할 수 있습니다. 제 지인 중에도 50대에 요가를 시작하여 60대에 강사가 된 여성이 있는데, 노년의 몸에 정통한지라 중년과 노년에게 꼭 맞는 요가를 가르쳐서 큰 인기를 끌고 있습니다.

중년이나 노년에는 누구나 할 수 있는 일을 놓고 서로 싸우면 안 됩니다. 50대·60대·70대라는 각 연령대에 맞는 영역을 겨냥해야 합니다.

○ '부족한 것'이 아니라 '이미 가진 것'에 주목한다

나는 ○○밖에 할 수 없다고?

— 한 가지 일에 얽매이지 마라

청년이든 노년이든 한 회사에서 정년까지 일하는 게 최선이라는 생각으로 인생을 설계하는 사람이 많습니다. 이직이란 쉬운 일이 아닌 만큼, 한 회사에 오래 다니는 것이 경제적 측면으로도 안정적이겠죠.

그러나 현실을 보면, 평생 한 회사만 다니는 사람이 해마다 줄어들고 있습니다. 스스로 회사를 떠나지 않더라도 회사의 파산, 구조조정, 인간관계 등의 문제로 어쩔 수 없이 회사를 떠나야 하는 경우도 많습니다. 이직하려 할 때도, '전에 사무직밖에 안 해 봤다', '○○ 자격증이 있다'며 한 직종에만 집착하고 이전에 통용되던 기술만 써먹으려 하면 선택의 여지가 확 줄어듭니다.

물론 한 회사에 오래 머무른 덕분에 괜찮은 경력을 구축하거나 자신의 목표를 실현하는 사람도 있습니다. 재직 중의 실적이 회사 내외에서 높은 평가를 받는다면 이직을 시도하거나 정년을 맞았을 때 더 좋은 기회를 잡을 수도 있습니다.

하지만 '나는 이 일 말고는 할 줄 아는 게 없다'는 소극적 태도에 갇혀 있다면 한번 다른 선택지를 생각해 보세요.

애초에 고등학교나 대학교를 졸업하자마자 선택한 회사를 평생직장으로 삼는 것은, 급격히 변화하는 현대에는 무리가 있습니다. 일해 본 경험이 전혀 없는 상태에서 내린 결정이잖아요? 그것은 마치 스물 남짓에 산 옷을 평생 입으려고 하는 것과도 같습니다. 운이 아주 좋으면 옷 한 벌을 평생 입을 수도 있겠지만, 대부분은 몸에 점점 안 맞는다는 느낌이 들겠죠. 그러므로 자기 상황에 맞게 또 다른 선택을 하는 게 당연합니다.

일이란 우연히 만난 사람과 같아서, 직접 겪어 봐야 자신과 맞는지, 시대에 적합한지, 지속할 수 있을지 판단할 수 있습니다. 또한 그 판단은 나이가 들면서 계속 변하기 마련입니다.

설령 생계 걱정에 회사를 그만두지 못했던 사람이라도, 50부터는 옛날부터 하고 싶었던 일에 도전할 수 있습니다.

그때까지의 경험을 가지고 독립하거나 전혀 새로운 환경에서 다시 시작할 수 있을 것입니다.

제가 자주 가는 북카페가 있는데, 그곳의 주인 부부도 60대에 가게를 처음 열었습니다.

남편은 원래 편집자였고, 아내는 지금도 전문대에서 고전을 가르친다고 합니다. 이 부부의 곁에는 어린아이에서부터 90대 노인까지 다양한 사람이 모여듭니다. 부부와 책 이야기를 나누는 게 무척 즐겁고, 그들의 밝고 건강한 모습에 좋은 자극을 받기 때문이랍니다.

자녀가 독립한 후 북카페의 전신인 회원제 문학 클럽을 운영하겠다고 먼저 나선 사람은 아내였다고 합니다. 그녀는 "남편이 반대하면 이혼하고 혼자서라도 시작할 생각이었어. 근데 남편도 결국 회사를 그만두고 같이 하게 됐지." 라고 설명했습니다.

이제 남편은 디저트를 만들기도 하고 강좌와 이벤트를 주최하기도 하면서 아주 느긋하게 일을 즐기고 있습니다.

이 부부처럼, 전에 했던 일을 형태만 바꾸어 계속해 가도 좋습니다.

50부터는 '나중에 얼마나 성과와 이익을 얻을 수 있느냐' 보다 '지금 얼마나 만족스러운 시간을 보내며 마음을 채울 수 있느냐'가 중요합니다.

지금 회사에서 일하는 40~50대라면 곧 다가올 정년 후에 다른 일을 시작할 가능성을 고려하여 '하고 싶은 일', '할 수 있는 일'을 찾아봅시다. '회사를 그만둔 뒤에 하고 싶은 일', '언젠가 꼭 하고 싶은 일' 등 몇 가지 선택지를 찾아 놓기만 해도 마음이 든든할 것입니다.

진정한 '안정'은 변하지 않는 상태가 아니라 변화하면서 유연하게 균형을 맞추는 상태입니다. 자신의 마음도 주변 환경도 계속 변할 수밖에 없으니까요.

○ 변하지 않는 수비적 삶에서 변하는 공격적 삶으로!

하고 싶은 일은 돈이 되지 않는다고?

— 하고 싶은 일은 '되는대로' 하는 법이다

"정년퇴직 후에 농사를 짓고 싶지만, 돈이 안 벌릴 것 같아서 고민입니다."라고 털어놓은 사람이 있었습니다.

"돈이 안 되면 안 하시려고요?"

"하고 싶어도 생계유지가 어려우면 포기할 수밖에 없잖아요. 이 나이에 실패하고 싶지도 않고요."

그분은 나의 물음에 괴로운 표정을 지었습니다.

청년들도 종종 비슷한 말을 합니다. '일러스트레이터가 되고 싶은데 성공률이 낮아서 고민이다', '동물을 다루는 일을 하고 싶지만, 그 분야는 박봉이라 망설여진다'는 것입니다.

'돈이 되면 하고 돈이 안 되면 안 한다'고 생각되는 일이, 과연 진심으로 하고 싶은 일일까요?

정말로 하고 싶은 일이라면 돈이 되든 안 되든 당장 시작해 보세요. 나중에 농사를 짓고 싶으면 일단 주말농장이나 베란다 텃밭부터 시작하면 됩니다.

처음부터 좋아하는 일을 하면서 고수입까지 바라는 것은 지나친 욕심입니다. 우선 일을 목적에 따라 셋으로 나누어 봅시다.

- 라이스 워크 : 밥을 먹기 위한, 즉 생계를 위한 일
- 라이크 워크 : 좋아하는 일, 즉 욕구 충족을 위한 일
- 라이프 워크 : 보람과 사명감으로 추구하는 일

20대에는 인생의 기반을 닦기 위해, 30~40대에는 가족을 먹여 살리기 위해 라이스 워크를 우선했던 사람도 50대 이후에는 라이크 워크를 구할 수 있습니다.

그러나 '좋아하는 일', '하고 싶은 일'을 단숨에 찾기는 쉽지 않습니다. '막상 직업으로 삼으니 싫어졌다', '실제로 해 보니 나와 맞지 않았다'고 후회하는 경우가 많습니다. 막연히 '하고 싶은 일'만 너무 고집하면 버티기 힘들어질 수도 있습니다.

반면, 우연한 기회에 시작한 일이 평생의 보람이 되기도 하죠. 물론 50 이후의 일은 자기 희망이 가장 중요합니다.

하지만 강렬한 희망이 없는 사람은 '남에게 도움이 되는 일'부터 생각해 보는 것도 괜찮습니다.

자신이 잘하고 못하는 일과 관심 있는 분야를 헤아려서, '나는 무엇을 하면 남에게 도움이 될지' 숙고해 봅시다. 열심히 일하다 보면 찾아 주는 사람이 생겨서 그 일이 '라이스 워크'가 되기 쉽고, 서로 믿고 기뻐하는 사이에 '라이크 워크'가 되어 즐길 수도 있습니다. 머잖아 보람을 느끼며 사명을 완수하는 '라이프 워크'가 될 것입니다.

자기 능력으로 남에게 도움을 주는 일을 '내가 하고 싶은 일'로 만들면, 위에서 말한 일의 세 가지 목적을 모두 이룰 수 있습니다. 그때는 '생계를 위한 일'이니 '좋아하는 일'이니 따질 것도 없이, 그 하나의 일에 모든 시간과 에너지를 쏟아부으면 됩니다.

원래 우리나라 사람들에게 일하는 것은, 돈을 벌고 인정받는 것보다 사회와 국가를 위해 헌신하는 것이란 의미가 더 컸습니다. 일은 곧 삶 자체이자 자부심의 원천이었죠. 그래서 직업 선택의 자유가 없었던 시대에도 전문가로서 일평생 최고의 제품을 만드는 솜씨를 연마한 것입니다.

요즘은 그런 장인의 보람을 느끼기 어렵지만, 하나의 인간으로서 그것을 직접 되살리려 하는 사람이 늘어나고 있습니다. 특히 50대부터는 '인생의 의미를 찾고 싶다', '사회에 공헌하고 싶다'는 마음도 더 강해지는 듯합니다.

　50대라면 지금까지 계속 일해 왔을 테니, 일의 기초는 대부분 갖추고 있을 것입니다.

　'얻는 것'보다 '주는 것'을 선택하는 사람부터 인생의 톱니바퀴가 먼저 돌아가기 시작합니다. '갖고 싶다'가 아니라 '주고 싶다'는 생각으로 주변에 에너지를 나누다 보면 자신도 건강하고 행복해집니다.

　'자기 우선의 삶'이란 자신만 생각하는 삶이 아니라, 오히려 사회를 진지하게 배려하면서 자신이 할 수 있는 일을 신중하게 생각하는 삶입니다.

　50부터 꽃피는 사람은 '남을 위한 일'을 결국 '나를 위한 일'로 만들며 살아가는 사람이라고 할 수 있습니다.

　○ '받을 수 있는 곳'보다 '줄 수 있는 곳'을 찾는다

노후에는 연금으로 살면 된다고?

— 움츠리는 삶보다 뻗어 가는 삶이 즐겁다

예나 지금이나 '노후에는 지방에 내려가서 연금으로 소박하게 살고 싶다'는 사람이 많습니다. 요즘은 '소유하지 않는 생활', '미니멀한 생활'로 불리는 작고 세련된 라이프 스타일이 인기를 끌고 있죠. 더 나아가 '자연인의 삶'까지 화제가 되고 있습니다.

나이가 들수록 가지고 있는 물건을 줄여 나가는 것은 대찬성입니다. 물건을 관리하는 시간과 노력을 아낄 수 있고, 마음도 홀가분합니다. 다만, 살림을 소규모로 한다고 해서 생각까지 작게 정리해 버리면, 일상 활동이나 인간관계도 좁아져서 소소한 행복에만 눈이 가게 됩니다.

저도 30대 때부터 물건을 줄여야 했습니다. 몇 년 간격으로 도시·시골·해외를 오가며 살았기 때문입니다. 이동하기 위해서 작은 생활을 한 셈이죠. 글을 계속 쓰기 위해서라도 여러 곳에서 다양한 체험을 하고 싶었습니다. 어떤 일을 하든 제한된 환경 속에서만 안주하면 감성도 무뎌지고 사고방식도 굳어 버려 착각에 사로잡히게 됩니다.

제가 병에 걸렸을 때는 '이 정도면 충분하니 더 욕심내지 말자'는 생각이 들기도 했답니다. 하지만 그때 또 다른 제가 이렇게 속삭였습니다.

'작게 움츠리지 마~'

아직 한계에는 이르지 않아서 도전을 멈출 수가 없었죠. 마음 가는 대로 다시 새로운 문을 열어젖혔습니다. 익숙한 장소를 떠나 미지의 세계로 돌진하는 용기가 오늘의 저를 만들었다고 해도 과언이 아닙니다.

'노후의 연금살이'는 마지막으로 미뤄 둡시다. '재미있는 일을 하자'고 모험하거나 '나는 어디까지 할 수 있을까'라고 도전하는 편이 훨씬 즐겁지 않나요?

행복은 사람마다 다르죠. 50살이 넘으면 대부분은, '노후에는 소소한 행복을 바란다'고 행복도 작게 갈무리합니다. '따뜻한 밥과 내 집만 있으면 된다', '가족과 친한 친구만 있으면 된다', '취미 하나만 있으면 된다'고 자기 한정의 선을 긋습니다. 일에 대해서도 '피곤하지 않을 정도면 된다',

'가능한 범위 내에서 편하게 하면 된다'며 새로운 일이나 번거로운 일을 피하려 합니다.

그것으로 충분히 만족한다면 저도 할 말이 없습니다. 하지만 50~60대라면 분명 아직 채우지 못한 무언가가 있을 것입니다. '내가 할 일이 좀 더 있을 것 같다'는 생각이 든다면 아직 성장의 여지가 있다는 뜻입니다. 그때 움직이지 않으면 다음 단계로 나아가기가 귀찮아집니다. 결국 움직이고 싶어도 움직이지 못하는 상태가 되겠죠.

특히 50부터는 성장하고 싶다면 전보다 더 의식적으로 새로운 정보·환경·사람을 접하여 내면의 혁명을 일으켜야 합니다.

'소소한 행복'과 '자기 가능성을 추구하는 행복'은 전혀 다릅니다. 진정한 행복은 자기 목숨을 태운 후에야 얻을 수 있습니다. 마라톤을 완주했을 때, 꾸준히 추진한 일에서 성과를 냈을 때, 자녀의 성장을 확인했을 때 눈물이 날 듯이 기뻤던 것은 그만큼 수고하며 역경을 극복했기 때문이 아닐까요? 그러므로 행복을 얻고 싶다면 역경을 피하지 말고 역경이 기다리는 곳으로 뛰어들어야 합니다.

제가 아는 50대 여성은 딸과 남편에게 '손주를 돌봐 줄 수 없다', '자기 일은 스스로 하라'고 선언한 뒤 회사를 그만두고 일본어 교사가 되어 해외로 떠났습니다. '내 힘을 한 번도 시험하지 못하고 죽기는 싫다', '나이에 상관없이 도전할 수 있다는 사실을 딸과 손주에게 보여 주고 싶다'는 것이 그 이유였습니다. 결과적으로 가족 관계는 전보다 더 좋아졌다고 합니다.

50~60대는 소소한 행복만 추구하며 작게 움츠릴 나이가 아닙니다. 여전히 탐욕스럽게 자기 세계를 넓혀 갈 때입니다.

○ 역경을 피하기보다 역경을 극복하는 활동을 하자

노후에는 혼자 힘으로 못 산다고?
— 실제 능력보다 낙관성이 중요하다

저는 지금까지 '50대 이후에 하고 싶은 일을 찾아 인생을 즐기는 사람'과 '그렇지 못한 사람'을 각각 취재해 왔습니다. 후자는 종종 '난 능력이 모자라 어쩔 수 없어', '자격이나 기술이 있었으면 새로운 일을 시작할 텐데…'라고 변명합니다.

하지만 '일'을 그렇게 어렵게 생각할 필요는 없습니다.

낙관적인 사람은 아무 기술이나 경험이 없어도 '이런 일은 나도 할 수 있겠다'며 바로 시작합니다. 그래서 실제로 이런저런 일을 경험하면서 자신이 할 수 있는 일의 범위를 확대하고 심화시켜 나갑니다.

'낙관성'이란 '어떻게든 된다'고 보는 밝은 성향입니다. 별다른 근거 없이 '나도 할 수 있겠다'고 생각하는 이 낙관성이야말로 인생을 개척하는 열쇠가 아닐까요?

'밝고 씩씩하고 낙관적인 사람'은 다음 세 가지 특징이 있습니다.

- 쉽게 다가가 '어떻게든 된다'며 일단 뛰어든다
- 기죽지 않고 '할 수 있는 작은 일'부터 한다
- 잘 안돼도 '그럴 수 있다'고 앞을 내다본다

낙관적인 사람은 미래나 과거에 얽매이지 않고 '지금 할 수 있는 일'에 집중하는 사람입니다.

프랑스 철학자 알랭(Alain)은 "비관주의는 기분에 속하고, 낙관주의는 의지에 속한다."라고 말했습니다. 원래 인간은 비관적이고 약한 존재입니다.

저도 전에는 낙관주의자가 아니었습니다. 회사를 그만두고 프리랜서로 독립했을 당시에는 정기적인 수입이 없고, 장래 전망이 불투명하며, 사회적으로 인정받지도 못했죠. 그 불안감이 엄습해 비관적인 생각이 들곤 했습니다. 일을 지시할 사람, 관리할 사람이 없다는 것마저 저를 불안하게 만들었습니다. 혼자 일하다 보면 한없이 해이해질 것 같았으니까요.

그러나 '이거라면 할 수 있겠다', '이 정도면 당분간은 어떻게든 되겠지' 하는 전망이 서고 일에 익숙해지자, 더없이 자유롭고 멋진 세상이 펼쳐졌습니다.

사람은 '모르는 세계'에 두려움을 느끼지만, 금방 적응하는 존재입니다. 새로운 세계에 뛰어들면 처음에는 불안해하다가도 이내 적응합니다.

무조건 밝고 단순하게 생각하는 것이 중요합니다. 대개의 경우 일이 잘 풀리지 않는 것은 어렵고 비관적으로 생각하여 스스로 무너지기 때문입니다.

설령 실패를 경험했다 해도 이미 끝난 일입니다. '죽지 않고 어떻게든 헤쳐 나왔다'는 깨달음이 여러분의 마음을 점점 유연하고 강하게 만들 것입니다.

낙관성을 위해서라도 계획을 너무 세세히 정하지 마세요. 얼추 1년 단위로 가늠해 보는 것도 좋은 방법입니다. '1년만 이것을 하자'고 에멜무지로 해 보는 것입니다.

'앞으로 인생을 어떻게 사느냐'까지는 알 수 없어도, '앞으로 1년을 어떻게 사느냐' 정도는 낙관적으로 전망할 수 있지 않을까요?

지금 하는 일을 새롭게 해도 되고 직장을 옮겨도 됩니다. 전부터 관심 있었던 일에 도전해 봐도 좋습니다. 처음부터 큰 기대를 걸지 말고 '재미있을 것 같으니 좀 해 볼까'라는 편한 마음으로 작게 시작하는 것입니다.

40~50대가 되면 자신이 무엇을 할 수 있고 무엇을 할 수 없는지 어느 정도 알기 마련입니다. 그러나 그것만으로는 자신에게 잘 맞고 보람 있는 일을 찾을 수 없습니다. 시대가 급격히 변화하는 데다 운도 큰 영향을 미치기 때문이죠. 그러니 그때그때 '이번엔 이걸 해 보자'는 식으로 작은 선택을 반복해 보세요.

'나도 할 수 있겠다'는 생각이 든다는 것 자체가 매우 큰 가능성이 있다는 뜻입니다. 그 소중한 싹을 잘 키워 나가면 됩니다.

○ '하면 된다'가 쌓이면 근거 없는 자신감이 된다

살려면 싫은 일도 해야 한다고?

― 싫어하는 일까지 할 시간은 없다!

"배부른 자들이야 하고 싶은 일을 하겠지만, 어중이떠중이들은 살기 위해 싫은 일도 해야죠."

50살 넘은 사람들한테 몇 번이나 이런 말을 들었습니다. 그것은 엄연한 현실입니다. 그러나 인생 전체를 조망하고 소중히 여긴다면 싫어하는 일, 맞지 않는 일을 억지로 하는 것은 손해일지도 모릅니다. 앞으로 1년밖에 살 수 없다면 과연 그런 일에 시간을 쓸까요?!

50살 이후의 인생 후반은 '놀이하듯 일할 수 있는' 시간이죠. 즉, 호기심이 이끄는 대로 하고 싶은 일을 해야 할 때입니다.

일 자체가 재밌고 즐거운 것만큼 큰 보상은 없을 것입니다. 다만, 일로서 성립하려면 사회적 필요가 있어야 합니다.

마니아의 취미처럼 혼자만 심취하는 것이 아니라, 다른 사람들을 기쁘게 하면서 자기 나름의 역할을 찾아가는 것이 무엇보다 중요합니다.

조직에 있을 때는 고맙게도 남이 역할을 부여해 주고 인간관계도 저절로 형성되나, 50이 넘으면 지지대가 하나씩 줄어들고 체력까지 약해지기 시작합니다. 그런 상황에서도 적극적으로 활동하며 경력을 쌓기 위해 꼭 필요한 것이 '호기심'과 '역할'입니다.

누군가가 당신의 성과를 인정해서 새로운 자리로 불러 준다면 자연스럽게 역할이 생기겠죠. 만약 그렇지 않으면 미리 다음 단계에 대비하여 '알고 싶다', '보고 싶다', '해 보고 싶다'는 호기심을 따라 계획하고 실행해 보세요. 그 과정에서 뭔가 남에게 도움이 되는 새로운 역할을 찾게 될 것입니다.

'이 사람에게 힘이 되고 싶다', '도와주고 싶다'는 마음으로 일이 시작되기도 합니다. 실제로 일하다 보면 '더 좋은 것을 제공하고 싶다'는 마음으로 무엇이든 적극적으로 배우게 되고, 점점 호기심도 강해질 것입니다.

호기심이란 모르는 것을 알고 싶어 하는 열정의 에너지

입니다. '귀찮다'는 감정이 끼어들 수 없고, 노력도 노력으로 여겨지지 않습니다. 겸허해져서 배우고 몰두하다 보면 다양한 깨달음이 내면에 축적됩니다. 그것이 자연스럽게 자산으로 변해 인생의 다음 단계를 열어 줄 것입니다. 호기심이 많은 사람은 그저 일만 하는 것이 아니라 다양한 지식과 경험도 쌓기 때문에 서로 공감하고 배우면서 능동적인 인간관계로 연결될 수도 있습니다.

저는 독립한 지 20년이 되어 가지만, '호기심'과 '역할'이 없으면 앞으로 1년도 못 버틸 것입니다.

아무리 글쓰기를 좋아해도 마감 없이 단순히 취미로만 즐기는 상태로는 글쓰기를 지속하기 어렵습니다. 그런가 하면 아무리 마감이 있어도 전혀 관심 없는 주제를 다뤄야 한다면 의욕이 생기지 않으므로 좋은 글을 쓰지 못할 것입니다.

저를 기다려 주는 사람, 도와주는 사람 덕분에 늘 기대에 부응하려고 합니다. 저의 역할에 충실하다 보니까, 지식과 지혜를 향한 호기심도 솟아납니다. '호기심'과 '역할'은 저를 지탱하며 성장시키는 원동력입니다.

"영원히 살 것처럼 배워라. 내일 죽을 것처럼 살아라."는 말이 있죠.

점점 더 살고 싶어지는 인생을 만들어 나가야 합니다. 소극적으로 일하거나 아무 생각 없이 일하면 안 됩니다. 호기심을 마음껏 발휘하고 역할을 민감하게 의식하며 적극적으로 일하는 여러분이 되시길 바랍니다.

○ 호기심을 일에 활용하면 삶의 만족도가 높아진다

제2장

50부터 올라가는 사람
내려가는 사람

50부터는 자기 길을 가자

— 특별한 재능은 없어도 된다

50부터 꽃피는 사람은 자기 인생을 남과 비교하거나 경쟁하지 않고 오로지 자기 길로 나아갑니다.

성공도 실패도 없습니다. 성공과 실패의 길이 따로 있는 것은 아닙니다. 옳은 길과 그른 길이 따로 있는 것도 아니고요. 다만, 설레는 일을 찾아 몰두하며 살아가는 사람은 전부 자신만의 길을 간다는 것이죠. 그들은 목적지에 도착할 때의 즐거움뿐만 아니라 길을 가는 과정의 즐거움도 누릴 줄 압니다. 그래서 앞으로 나아갈 힘이 자연스럽게 솟고, 중간에 어려움이 있더라도 극복하는 방법을 끊임없이 모색하면서 성장해 갈 수 있습니다.

'50살부터 자기 길로 나아가는 사람의 조건'은 다음 세 가지입니다.

- 자신이 하고 싶은 일을 한다.
- 잘하는 것, 즉 장점을 충분히 활용한다.
- 사회에 필요한 일을 하며 공헌한다.

간단히 말하면, '하고 싶은 일', '잘하는 일', '필요한 일'이 융합된 일을 해야 한다는 것입니다.

이 세 가지 조건은 상승효과가 있습니다. 하고 싶은 일을 하니까 잘하게 되고, 잘하는 일을 하니까 필요하게 되며, 필요한 일을 하니까 하고 싶게 되는 거죠. 순환 관계는 점차 확대됩니다. 그러나 셋 중 하나라도 빠지면 '자신의 길'은 커녕 가시밭길만 걷게 될 것입니다.

예컨대 '50살 이후에는 좋아하는 음악으로 먹고살자'며 아무리 솜씨를 갈고닦고 발버둥을 친들, 누구도 불러 주지 않으면 음악은 '일'이 될 수 없습니다. 또 농사나 간병 등은 사회에 꼭 필요한데도 일손이 부족한 형편이나, 힘들어서 자기와 맞지 않는다면 지속할 수 없을 것입니다.

50부터는 몇 년씩 제자리걸음만 하며 허송세월해선 곤란합니다. 되도록 빠른 시기에 이 세 가지 조건에 부합하는 일을 찾는 게 좋습니다. 오히려 그것이 가장 효율적이고 편하게 성장하는 지름길이라 할 수 있습니다.

처음에는 보통을 좀 웃도는 수준이었는데, 자꾸 좋아해 주는 사람들 덕분에 자연스럽게 솜씨가 연마되어 전문가가 된 경우도 많습니다.

제 주변에서 50살 이후에 빛나는 사람들은 모두 이 세 조건을 충족하고 있답니다. 원래 대단한 재능이 있었거나 엄청난 노력가였다기보다, 그저 자기 역할을 찾은 것뿐입니다. 자기 역할을 제대로 찾으면, 주위 사람들도 기뻐하며 '당신이 있어 다행이야', '이 일은 당신밖에 할 수 없어'라고 인정하는 찬사를 보냅니다.

다만 주의해야 할 점은 그 일을 필요로 하는 사람이 있고, 스스로 사회와 잘 조화되어야만 '자신의 길'이 열린다는 사실입니다.

숲속의 나무가 주변의 동식물과 양분을 주고받으며 꽃을 피우는 것처럼, 여러분도 주변에 도움이 되어야만 생명의 빛을 밝힐 수 있습니다. 주변에 도움이 되려면 자신만의 역할을 통해 공헌하고 협력해야 합니다.

역할을 찾아서 자기 길을 거침없이 나아가고 싶습니까? 그렇다면 우선 자신이 어떤 사람인지 알아야 합니다. 혹시 '이제 와서 새삼스럽다'는 생각이 드나요? 아닙니다. 지금이 적기입니다. 회사나 가족 위주로 살아온 사람일수록 충분한 '자기 탐색'이 필요합니다.

○ '나의 길'이란 가장 적합한 역할을 찾는 것이다

50부터는 정직하게 살자
― 이제는 주변에 맞추지 않아도 된다

후회 없는 인생을 살려면 자신에게 솔직해지는 것이 무엇보다 중요합니다.

생계를 위해, 또는 주변에 맞추기 위해 좋은 사람으로 살아야 했던 사람이 많을 것입니다. 하지만 이제는 그러지 않아도 됩니다. 50살부터는 자신에게 정직하게 살아 봅시다. 특히 일에 관해서는, 행복감이나 만족감 등 정신적 측면뿐만 아니라 인생의 전략적 측면에서도 자신에게 정직해질 필요가 있습니다.

제가 이렇게 말하는 이유는 단순합니다. '하고 싶은 일'이 아니면 지속할 수 없기 때문입니다.

50이 넘으면 책임감이나 의무감만으로는 끝까지 달릴 수 없습니다.

아침 일찍 일어나 '하고 싶은 일'을 하는 사람과, '하기 싫지만 해야 하는 일'을 시작하는 사람은 동기 부여 자체가 다릅니다.

전자는 자신이 하고 싶은 일을 한다는 자각이 있으므로 그 일을 '직업'으로 제대로 성립시키기 위해 최선을 다할 것이고, 스트레스 없이 그 일을 지속할 방법도 궁리할 것입니다. 설령 벽에 부딪히더라도, 자신이 하고 싶은 일이므로 금세 좌절하지 않을 것입니다.

그렇지만 나이를 먹어도 '하고 싶은 일'을 몰라 방황하는 사람이 많습니다. 지금 일에 불만은 없지만, '뭔가 있을 것 같다', '어딘가 아쉽다'고 느끼는 사람도 있겠죠.

'하고 싶은 일'이란 매우 모호하여, 아직 시작하지 않은 단계에서는 단순히 '해 보고 싶은 일'에 불과합니다. 직접 경험하며 재미나 보람을 느껴야 비로소 진짜 '하고 싶은 일'이 됩니다.

어차피 전부 잘될 수는 없잖아요. '좀 해 보고 싶다', '꽤 재미있을 것 같다'고 관심이 가는 일부터 실험하듯 편하게 손대 보면 됩니다. 부업이나 주말 체험 등 방법은 얼마든지 있습니다.

중년 이후에 재취업하거나 독립하려는 사람은 '실패해선 절대 안 된다'는 각오로 어깨에 힘을 주기 쉽지만, 오히려

'시도나 한번 해 보자'는 기분으로 긴장을 푸는 것이 좋습니다. 계속 시도하다 보면, 톱니바퀴가 철커덕 맞물리듯이 모든 일이 척척 돌아가는 때가 옵니다.

바로 그때가 앞서 말한 대로 '하고 싶은 일', '잘하는 일', '필요한 일' 등 세 가지 조건이 꼭 들어맞는 순간입니다. 그 단계부터는 스스로도 놀랄 만한 성과가 나오면서 유례없이 높은 평가를 받게 됩니다.

저도 많은 일을 시도했지만, 결국 글쟁이가 되었습니다. 글쓰기는 어릴 적부터 좋아하고 열중하며 칭찬받은 것이었죠. 시간이 흘러도 '하고 싶은 일', '잘하는 일'의 본질은 변하지 않는지도 모릅니다.

특히 지금까지 전력으로 질주해 온 사람이라면, 인생 중반을 맞은 김에 잠시 멈춰 서서 '내가 진짜로 원하는 것은 무엇일까' 하고 자문해 보세요.

'나는 어떤 인생을 살고 싶은가?'
'나는 어떻게 일하고 싶은가?'
'나는 어떤 일로 공헌하고 싶은가?'

답이 나오지 않거나 실현되지 않더라도, 희미해져 버린

자신의 참마음을 들여다보려고 노력하는 것이 중요합니다. 언젠가는 불쑥 '아, 내가 이런 일이 하고 싶었구나!'라고 깨닫는 순간이 올 테니까요.

또 자신에게 정직하기 위해서는 일상의 사소한 선택도 자신의 감정을 따라야 합니다. 호기심·취향·설렘·기쁨·즐거움 등 내면에서 솟아난 감정을 따르면, 가고 싶은 방향으로 쏜살같이 갈 수 있습니다. 감정은 자신이 행복해질 수 있는 것, 제대로 될 수 있는 것을 잘 알고 있죠.

한편 싫음·고통·어색함·지루함·시시함 등 부정적 감정을 안고 나아가면 좀처럼 속도가 붙지 않을 것입니다. 그런 일은 자신에게 더욱 솔직해져서 깨끗이 포기하거나 거절하는 게 좋습니다.

'남은 남, 나는 나'대로 자기 길을 갑시다. 자신에게 정직한 삶은 얼핏 고독해 보일 수도 있습니다. 하지만 제 발로 일어서면 우주를 자기편으로 삼은 듯이 든든할 것입니다.

○ 하고 싶은 일을 찾으려면 어쨌든 움직여야 한다

50부터는 큰 뜻을 품자

― 몰입할 수 있는 현재를 만들어라

혹시 여러분도 '뜻', '꿈', '희망'을 젊은이의 전유물로 생각하나요?

한 인터넷 설문 조사에 따르면, 40~50대 남성의 '이루고 싶은 꿈'은 '취미 생활', '돈 벌기(자산 만들기)'가 각각 50% 내외, 그다음이 '다이어트', '내 집 마련'이고, '창업', '일의 성공'은 10% 정도였습니다.

일에 대해서는 체념하고 사는 것도 이해됩니다. 50대쯤 되면 현재 일의 미래도 예측되니 수비 태세로 들어가겠죠. 여성들도 일보다 취미·재테크·가족 등을 우선하며 현실적으로 되어 자기 주위에서 행복을 추구하려 합니다.

그러나 50부터는 큰 뜻을 품는 편이 좋습니다. 사람은 무엇을 바라느냐가 자신을 만들기 때문입니다. '돈'이나 '다이어트'처럼 친숙한 꿈을 꾸는 것도 중요하지만, '이런 일에 도전하고 싶다', '이런 식으로 사회에 공헌하고 싶다'고 큰 꿈을 갖는다면 다른 세상이 보일 것입니다.

이룰 수 없는 꿈을 추구하라는 말이 아닙니다. 큰 실패를 견디거나 고난의 길을 걷기에는 체력이 달리니까요. 그 대신, 50대는 '할 수 있는 일', '할 수 없는 일'을 이미 알고 세상 돌아가는 이치도 어느 정도 알며, 주변 사람들과 연계하는 법도 잘 아는 시기입니다. 따라서 젊을 때처럼 쓸데없이 버둥거리지 않고 에너지를 절약해 가며 자기 속도에 맞춰 큰일을 이룰 수 있습니다. 자기 길로 나아간다는 의미에서는 오히려 50대 이후가 진짜 승부처인 셈이죠.

신인 작가였을 무렵, 저는 동경하던 남성 작가를 찾아간 적이 있습니다.

55세에 책을 쓰기 시작해 70대였던 당시까지 왕성하게 활동하던 분이었습니다. 그분의 사무실 책장에 200권의 저서가 줄줄이 꽂힌 것을 보고 '이런 대단한 사람도 있구나' 하고 충격을 받았습니다. 제 생각을 알아챈 그분은 온화한 미소를 지으며 이렇게 말씀하셨습니다.

"55세에 회사를 그만둘 때 다른 회사의 임원으로 와 달라는 제안을 받았어요. 허나, 50대엔 책을 쓰자고 이미 결심한 후였죠. 만약 그때 임원이 되었다면 아주 편하게 돈을 벌었을지도 몰라요. 근데 내가 쓴 책이 이렇게 쭉 꽂힌 걸 보니, 이 길도 과히 나쁘지 않았다 싶네요."

겸손하게 말씀하시는 대선배의 모습이 눈부실 만큼 멋져 보였고, '나도 이런 사람이 되고 싶다'는 생각이 절로 들었습니다. 실력의 모자람이야 누구보다 잘 알았지만, 문득 이런 착각도 들더군요. '선생님이 20년간 200권을 쓰셨으니, 나는 한 40년 공들이면 그 절반은 쓸 수 있지 않을까?'

그 순간 불안과 소심함은 사라졌습니다. 오직 '100권을 쓰려면 어떻게 해야 할까?' 하고 궁리한 결과, 설레는 마음으로 구체적인 행동에 나설 수 있었습니다.

참고로 그분은 80대에 출판사를 차렸고, 90세가 된 지금까지도 사장 겸 작가로 현장에서 활약하고 계십니다.

'뜻', '꿈', '희망'을 억지로 만들어 낼 수는 없습니다. 게다가 우리는 원대한 희망이 없이도 살아갈 수 있는 존재입니다. 일을 통해 자아를 실현하는 것만이 인생의 유일한 목표도 아닙니다.

하지만 꿈을 추구하고 싶은 마음이 불쑥 솟아오른다면, '이 나이에 새삼?', '이제 와서?'라며 덮어 버리지 않기를 바랍니다. 꿈이 있어야 나날의 삶이 즐거워지기 때문입니다. 심지어 꿈이 인생 전체를 지탱해 줄 수도 있습니다. 꿈이란 그 꿈을 달성한 '미래'가 아닌 몰두할 수 있는 '현재'를 만들어 내기 위한 것이 아닐까요?

'나는 어떤 사람이 되고 싶은가', '나는 무엇을 원하는가'를 아는 것은, 여행할 때 목적지를 정하는 것과 같습니다. 목적지는 나중에 변경해도 됩니다. 그러나 목적지가 없으면 막연히 방황하거나 남들이 가는 방향으로 따라가기 쉽습니다. 그러다 보면 '나를 필요로 하는 일'과 '지금 하고 있는 일'을 혼동하여 시간과 노력을 허비하게 됩니다. 특히 불안·초조·고독을 느낄 때는 판단을 그르치기 쉬우므로 더 조심해야 합니다.

꿈을 따르고 몰두하면서 10~20년쯤 살다 보면 결국 상당히 큰 뜻을 성취할 수 있습니다. 직업이 아닌 자원봉사나 사회 공헌, 또 취미 활동이라도 괜찮습니다. 일단 어떤 영역에서든 큰 뜻을 품으시길 바랍니다.

○ 자신의 꿈에 도전해야만 진정한 만족을 얻을 수 있다

'되는대로'를 기회로 바꾸자

— 내일 인생이 뒤집힐지도 모른다

50살 이후 자기 일을 찾아서 활약하는 사람들은 '어쩌다 보니 그렇게 됐다', '운이 좋았다'는 말을 흔히 합니다.

"우연히 만난 사람에게 제안받았는데, 되는대로 하다 보니 이렇게 됐네요."

"거래처 사람이 부탁해서 개인적으로 일을 받다가 자연스럽게 독립하게 됐어요."

"어쩌다 보니 부모님 회사를 이어받아 필사적으로 회생시키게 됐습니다."

'계획을 세워 목표를 하나하나 실천했다'는 사람보다 이처럼 '닥쳐온 과제를 해결하다 보니 어느새 여기까지 왔다'고 말하는 사람이 훨씬 많습니다.

한편, '어쩌다 보니'가 부정적인 결과를 낳은 사람도 있습니다. '회사에서 갈등이 있었는데 어쩌다 보니 그만두게 됐다', '되는대로 아파트를 샀다가 실패했다', '유산을 받아서 별생각 없이 창업했더니 사업이 잘 풀리지 않았다'는 식입니다. 어쨌든 우리 인생에서는 계획대로 되는 일이 거의 없습니다.

하지만 우연이 전부는 아닙니다. 단순히 행운을 거머쥔 듯이 보여도, 거기에는 반드시 그 사람의 능력이 필연처럼 숨어 있습니다. 좋은 환경이나 적정 시기 등 여러 요소가 결합되어, 자기 역량을 최대로 발휘할 수 있는 기회가 마련되었을 뿐이겠죠.

저도 앞일은 굳이 결정하지 않으려고 합니다. 먼 미래는 커녕 내일 당장 인생이 뒤집힐지도 모르니까요.

실제로 저는 여행지에서 출판사 사장을 우연히 만나 몇 년 뒤에 데뷔작을 냈고, 레스토랑에서 어쩌다 합석한 노부인과 말이 잘 통한 덕분에 파격적인 조건으로 집을 빌릴 수 있었습니다. 이렇게 '되는대로' 살아왔기 때문에, 어찌 될지 모르겠다고 생각하는 편이 오히려 즐겁습니다.

패키지여행의 목적은 언제 어디로 가서 무엇을 볼지 세세히 정해 놓고 그 계획을 완수하는 것입니다. 그런데 인생이 그런 식이라면 너무 시시하지 않을까요?

'이런 여행이 되었으면 좋겠다'는 방향성만 정해 둡시다. 도중에 재미있는 곳을 발견하면 들어가서 구경하고, 길을 안내해 주겠다는 현지인이 있으면 잠시 신세를 져도 괜찮습니다. 그러다 보면 어느새 목적지에 도달해 있을 거예요. 모든 일이 잘 풀릴 때는 보이지 않는 손에 이끌리기라도 하듯 스르르 흘러가는 법입니다.

'되는대로'를 기회로 만드는 사람의 세 가지 조건은 다음과 같습니다.

- 전문성을 연마하면서도 허풍 떨지 않는다.
- '이렇게 되고 싶다', '이렇게 살고 싶다'는 줏대가 있다.
- 집착이 적고 유연성이 있으므로 발걸음이 가볍다.

앞일은 별로 생각하지 않는 사람도 '이렇게 살고 싶다'는 신념은 있는 법입니다. 줏대가 있어야 주위에 맞게 변화해 갈 수 있습니다.

제 친구 중 미국에서 살다가 50대 후반에 가고시마(鹿児島)로 이주한 여성이 있습니다. 그녀는 30년가량 텍사스주에서 살면서 말과 소통하는 방법을 개발한 후, '말 세미나'를 열었습니다. 그런데 일본에서 온 수강생이 꽤 많은 것을 보고서 아예 일본으로 터를 옮기기로 작심했다고 합니다.

일본에 도착한 그녀는 산속의 단독주택에 자리를 잡고 말 두 마리를 산 뒤, 집 근처 과수원의 빈 땅에서 '아이가 있는 가족을 위한 말 세미나'를 열었습니다.

한두 해쯤 지나자 '승마 클럽을 공짜로 넘길 테니 인수해 달라', '말들의 조교가 되어 달라'는 의뢰가 전국 각지에서 밀려들기 시작했죠. 그녀는 놀랄 만큼 좋은 조건도 거절하더니, 바다가 보이는 조용한 환경과 생각이 맞는 후원자가 마음에 들었다면서 결국 오키나와(沖繩)로 갔습니다. "내가 하는 일에 큰 가치가 있음을 이제야 깨달았다!"는 그녀의 말이 인상 깊었습니다.

가치가 있다면 언젠가 그 가치를 알아보고 손을 내미는 사람이 생깁니다. 바로 그때부터 '되는대로' 또는 '어쩌다 보니'라는 행운의 선순환이 시작될 것입니다.

○ **나는 놈 위에 얹혀 가는 년 있다**

최후의 탈출구를 만들어 놓자
— 불행을 피하기 위한 '마음의 보험'을 들자

'도망칠 길을 만들면 실패한다', '진심으로 도전한다면 퇴로를 끊어라'는 말을 들었습니다.

저도 '데뷔작이 안 팔리면 글 쓰는 일은 딱 그만두자'고 배수진을 친 적이 있죠. 그동안 잡지 기고 등 몇몇 아르바이트를 하며 입에 풀칠은 한지라, '책이 안 팔려도 아르바이트로 먹고살면 된다'며 또 물러서고 싶지는 않았습니다. 그래서 젖 먹던 힘까지 다한 것 같습니다.

그러나 이 방법은 '바로 이거야!' 싶은 일을 만났을 때는 효과적이지만, 줄곧 필사의 각오로만 버틴다는 것은 너무 힘듭니다. 50살 이후에는 마지막 도피처를 마련해 두는 편이 더 좋습니다. 그 나이대가 되면 자기 인생에 책임을 져야 하기 때문입니다.

도망칠 길이 없어서 처지가 딱해지는 경우도 많습니다.

제 지인은 집을 담보 잡고 가게를 열었는데, 코로나 영향으로 손님이 없어 개점휴업 상태랍니다. 우물쭈물 그만두지 못해서 빚만 계속 불어나고 있습니다.

또, 정년퇴직 후에 재취업한 친구는 직장 내 인간관계로 몹시 고민했답니다. 정신적으로 궁지에 몰린 그에게 "여차하면 그만둬라"고 위로를 건넸습니다. 저도 악덕 기업에서 일할 때 '여차하면 그만두자'고 생각한 덕분에 마음 건강을 지킬 수 있었으니까요. 하지만 그는 "절대 안 돼! 그만두면 뭐 하라고?"라며 막무가내였어요. 결국 정신과에 다닐 지경이 되어서야 사표를 냈습니다.

가족의 생계가 달려 있다며 퇴로를 차단한 채 달려온 사람은, 힘들어도 견디는 것을 당연히 여기고, 그만두는 것을 수치나 죄악으로 여기는 성향이 강합니다. 그래서 다른 선택지에는 눈길이 가지 않고 '이제 와서 그만둘 수 없다', '그만두면 미래가 없다!'고 낙담해 버립니다.

그러나 정녕 자기 인생을 책임지고 싶다면 불행 예방용 도피처를 준비하여 어떤 상황에서도 살아남아야겠죠. 여태껏 가족과 회사를 위해 노력해 왔으니, 인생 후반에는 굳이 힘든 일을 계속할 필요가 없잖아요?

도망갈 길을 만들어 놓는 것은 최악의 사태를 피하기 위한 예비 조치입니다. 이는 '마음의 보험'과 같아서 난관을 극복하고 과감한 도전을 하는 데 힘이 됩니다.

창업은 최소한의 자금으로 하는 게 좋습니다. 꼭 필요한 경우에는 '월수입이 ○백만 원이 안 되면 그만두겠다', '1년 안에 싹수가 안 보이면 접겠다'는 식으로 한계를 정해 놓아 미련 없이 철수하기 바랍니다. 실패 시 대책이 있어야 안심하고 경영에 집중할 수 있습니다.

50~60대의 재취업도 마찬가지입니다. 미래를 예측하기 어렵죠. 1년 단위로 도전하되, '언제든 그만둬도 괜찮다'고 생각하면 발걸음이 훨씬 가볍지 않을까요?

'이것 말고는 할 줄 아는 게 없다'는 사람이 많지만, 누구에게나 다른 길은 있는 법입니다. 정말 아무 기술이 없는 사람이라도 일손이 부족한 업계에서 아르바이트를 하거나 실업 급여를 받으면서 새로운 기술을 익히면 됩니다.

사실 저는 탈출구를 확보하는 것보다 다양한 선택지를 상상하는 것을 무척 즐깁니다. '촬영 기사로 일하기', '시골에서 물물 교환하기', '대만에서 일본 문화 가르치기' 등은 한 번 경험했으니 언제든 가능합니다. '민박 운영', '호스티

스', '점성술사' 등은 경험이 없지만, 대화를 나누는 일이라 해 보고 싶습니다. 어떤 일이든 먹을 것과 잘 곳만 제공해 준다면 어떻게든 되겠지요….

하지만 위의 도피처를 실제로 사용한 적은 아직 없습니다. 어디까지나 위험에 맞닥뜨렸을 때를 대비한 보험이니만큼 그리 쉽게 쓰지는 못할 것입니다.

○ 탈출구가 있으면 마음 편히 도전할 수 있다

'다음 수'와 '물러날 때'를 생각하자
— '지위'나 '조건'에 너무 집착하지 마라

40~50대가 되면 '이 일을 언제까지 할 수 있겠냐'며 물러날 때를 생각하는 사람이 많아집니다.

가수나 배우로 인기가 절정일 때, 아쉬워하면서도 산뜻하게 방향을 바꾸는 모습은 멋있지 않나요? 반대로 "한 명이라도 웃어 주는 사람이 있는 한 계속하겠다"고 하는 60대의 코미디언도 그 나름의 철학이 있어 보입니다.

연예인은 자신을 상품으로 여기므로 인기도에 따라 그 상품 가치를 의식하지 않을 수 없습니다. 요즘은 탤런트도 '유학하고 싶다', '프로듀싱에 도전하고 싶다', '책을 쓰고 싶다', '인간적으로 충전하고 싶다'며 휴식하거나 다양하게 활동하면서 자기만의 노선을 갑니다.

회사원이 물러날 때라고 하면 우선 '정년'이 떠오르겠죠. '정년 전에 진짜 하고 싶은 일을 찾아 퇴직한다', '정년까지 일하고 그다음에 하고 싶은 일을 한다', '정년 후에도 회사에서 할 만한 일을 계속한다'는 등 사람마다 제각각입니다. 어느 것이 좋다고 할 수는 없겠죠.

다만, 회사에서 일하는 동안에도 자신의 상품 가치나 주위에 미치는 영향력을 의식해야 합니다. 40~50대까지 한 회사에 머무르며 같은 일을 하다 보면 발전이 전혀 없는 듯한 느낌이 들어 '내가 여기 있어도 될까?', '짐이 되는 건 아닐까?'라고 걱정하게 됩니다. 직급 정년으로 50세 이후에는 관리직 자리를 빼앗길지도 모릅니다. 그런데도 정년은 연장되어 최대 10~20년 더 일할 수도 있는 구조적 문제까지 겹쳐 있습니다.

이 모든 요소를 고려하여 '다음 수'와 '물러날 때'를 스스로 결정할 필요가 있습니다.

제 친구 중에 인테리어 코디네이터 협회 회장을 역임한 이가 있습니다. 지역 내 대형 아파트 단지의 견본 주택부터 병원, 개인 주택까지 폭넓게 취급하며 건축업자 사이에서 절대적 신뢰를 얻은 베테랑이었죠.

그런데 그녀는 앞으로 더 크게 활약하리라고 기대되던 50대 중반에 은퇴를 선언했답니다. 개인적인 의뢰는 물론 인테리어 관련 일은 깨끗이 정리해 버렸죠. 그리고 동일본 대지진을 계기로 시작한 재활용 옷 자선 사업에 본격적으로 착수했습니다. 그 이유가 좀 인간적이었어요.

"우리 세대가 자리나 보전하려 들면 젊은이들에게 일이 돌아가지 않아. 아파트나 주택은 젊은 세대가 많이 구매하니까 인테리어도 당연히 그들이 하는 게 맞아."

실제로 한 30대 코디네이터가 "인테리어 공사는 50대 이상이 거의 독점하고 있다"고 불평하는 소리를, 그녀는 직접 들었다는 것입니다.

"조직에선 나만 할 수 있는 일 따윈 없어. 하지만 조직을 벗어나면 나만 할 수 있는 일이 자연스럽게 보이지."

이 친구의 말처럼, 자신이 맡은 일뿐만 아니라 전체상을 조감해 보는 눈도 중요합니다.

40~50대는 지금까지 실적·인맥·환경 등을 구축해 온 현 직장에서 일하기가 아무래도 편할 것입니다. 그러나 그 장소에만 집착하면 주위와의 인식 차이를 눈치채지 못하게 되어 버립니다. 정치나 경제계 등에 특히 그런 사람이 많은 듯합니다.

특히 남성이라면, 일찌감치 한 개인으로서 사회에 공헌

할 방법을 생각하는 게 좋습니다. 50세부터 개인으로 활약하는 여성이 눈에 많이 띄는 것은 여성 특유의 유연성 때문일지도 모르지만, 출산과 육아로 조직에서 방출되어 '내가 뭘 할 수 있을까'를 고민하는 시기를 먼저 거쳤기 때문일 수도 있습니다.

50부터 활약하려면 회사에서 일할 때부터 한 개인으로 사회에 어떻게 공헌할지 생각해야 합니다. 그런 사람은 남을 위해 앞에 나설 줄도 알고 뒤로 물러설 줄도 압니다. 그래서 회사 안팎에서 그를 찾는 사람이 생기고, 개인 사업을 해도 잘 풀리는 것입니다.

"나의 일은 다른 사람이 빛나는 무대를 만드는 것"이라고 말하는 남성 경영자를 만난 적이 있습니다. 그래야 사원들도 잘 성장한다는 거죠. 어떤 처지에 있든, 자기 역할을 찾은 사람에게서는 강력한 힘이 느껴집니다. 이제는 자기 역할은 스스로 만들어야 하는 시대가 왔습니다.

○ 과거에만 매달리면 미래를 잃는다

주체성을 되찾는 활동을 하자

— 스스로 생각하고 움직여라!

몇몇 대기업이 정규직의 일부를 업무 위탁 계약으로 전환하여 개인 사업자로 일하게 하는 제도를 시행했습니다. 찬반양론이 있지만, '주체성(스스로 생각하고 움직이는 성질)을 갖고 일한다'는 의미에서는 어느 정도 효과가 있다고 생각합니다.

회사 안에 있으면 상사가 아무리 '주체성을 갖고 일하자!'고 외쳐도 회사의 논리에 절대적으로 따라야 하니, 주체성에는 한계가 있습니다.

원래 회사라는 조직은 '협조성'을 중시합니다. "그거 좀 이상하지 않나요?"라고 반문하는 주체성이 강한 사람만 있으면 배가 산으로 가버릴지도 모릅니다. 그래서 회사에서 일하다 보면, 분위기를 파악하거나 주어진 임무를 수행하는 협조성이 높아지고 의문을 제기하거나 독창적인 방법을 개발하는 주체성은 쇠퇴합니다. 심지어 주체성이 쇠퇴한다는 사실을 자각조차 못할 수 있습니다.

그러나 50부터는 주체성을 갖고 자기 머리로 직접 사고하며 인생을 개척해야 합니다. 사고력이 있는 사람은 다음 단계에서 자신이 무엇을 하고 싶은지, 어떻게 하면 그것을 실현할 수 있는지를 생각하고 움직이기 시작합니다. 반면 사고력이 없는 사람은 새로운 일을 찾아도 '어디 좋은 일이 없을까?' 하고 남에게 맡기면서 눈치나 살피며 체면 차리기에만 급급합니다. 그래서 열심히 하는데도 일이 막히는 경우가 많습니다.

40~50대가 되면 주체성을 회복하고 싶은 욕구가 강해집니다. 자신을 좀 더 표출하고, 좀 더 자유롭게 하고 싶을 것입니다. 따라서 회사에 있으면서도 그런 환경과 기회를 스스로 만들어 가는 것이 중요합니다.

회사 내에서 주체성을 되찾는 방법으로는 다음 세 가지가 있습니다.

1) 회사에서 아무도 하지 않는 일을 한다
40~50대가 되면 직위도 높아지고 재량도 늘어납니다.

조직에서 아무도 하지 않는 일(틈새)에 신경을 쓰면 자유롭게 할 수도 있고, 그만큼 실현되기도 쉽습니다.

제 친구 중에, 청과 시장에 파견 나간 은행원이 있습니다. 그는 원래 식품에 관심이 많아서 채소 소믈리에 자격까지 땄을 정도라 파견 근무를 뛸 듯이 기뻐했죠. 지금은 전국의 채소 농가를 돌아다니며 유명 레스토랑과 직접 연계하는 혁신적인 활동을 하고 있습니다.

그는 "월급을 받으면서 하고 싶은 일도 자유롭게 하니까 그야말로 최고!"라며 좋아하지만, 회사로서도 이익이 되니까 파견을 보냈을 것입니다.

이처럼 조직의 약점을 보강하는 일이나 조직에서 앞으로 필요한 일 중에서 자신이 하고 싶은 일, 할 수 있는 일을 찾는 것도 좋은 방법입니다.

2) 회사 내 업무를 회사 외부에서 시도해 본다

주체적인 사람은 조직 내에서 일하면서도 자신의 기술과 지식이 외부에서 얼마나 통용될 수 있는지 궁금해하기 마련입니다. 한 걸음 더 나아가, 실제로 외부에서 일해 봐야 자기 가치를 올리고 재의뢰를 받는 방법 등을 보다 구체적으로 터득하게 될 것입니다.

3) 회사 밖 외부 활동으로 주체성을 기른다

회사 내에서 주체성을 발휘할 자리가 없다면, 사적 영역이나 부업 등으로 자신을 시험해 봐도 됩니다. 단순한 취미보다는 사회에 공헌할 수 있는 교육 자원봉사나 지역 자선활동 등을 추천합니다.

어떤 친구는 "월급쟁이는 가족만 부양하면 돼!"라고 딱 잘라 말하고, 한 달에 두세 번씩 클럽에서 DJ를 하고 있습니다. 그는 DJ 일 덕분에 성격에 안 맞는 회사 생활을 그럭저럭 견딜 수 있었다면서, "정년 후엔 어떻게든 되겠지…."라고 홀가분하게 말합니다.

시야를 넓히면 자신이 할 수 있는 일을 찾거나 스스로 문제를 해결하는 주체성이 자연스럽게 길러질 것입니다. 물론 조직 내에서 지나치게 주체성을 견지하려 하면 갈등이 생기겠죠. 아무 생각 없이 사는 게 편하다는 사람도 있을지 모릅니다. 그러나 자기 나름대로 주체성을 발휘할 방법을 궁리하면서 희망을 찾아 나가는 과정 자체에 의미가 있다고 하겠습니다.

○ 주체성은 '환경'과 '역할'에 의해 단련된다

제 3 장

50부터는
돈보다 인간관계

지푸라기 하나면 충분하다
— 자기 가치를 밑천으로 삼자

독립하거나 재취업할 때, 처음부터 다시 시작하려 드는 사람들이 있으나, 대부분은 잘되지 않습니다. 특히 50~60대가 신입의 각오로 일하겠다며 젊은이들과 같은 출발선에 선다면, 주변 사람들도 곤란해지고 본인도 힘들어집니다. 그 나이대에는 이미 가진 것으로 할 수 있는 일을 찾아야 합니다. 자신의 가치를 밑천 삼아 차근차근 새로운 가치를 만들어 내는 것입니다.

일본에는 《지푸라기 부자》 이야기가 있습니다. 어떤 청년이 지푸라기를 들고 다니다가 우는 아이를 보자 그것을 주고 귤을 받습니다. 그는 길을 가다 목이 마른 상인에게 그 귤을 주고 비단을 받습니다. 또 길에서 그 비단을 말과 바꾸고, 그 말을 논밭과 바꿉니다. 하여 그 논밭을 열심히 일궈서 큰 부자가 되었다는 전래 동화입니다.

직업을 바꿀 때마다 점점 더 발전하는 사람은 이《지푸라기 부자》의 전략을 잘 구사하는 셈이죠.

제가 아는 한 50대 남성은 식품 회사에서 일하면서 고객 컨설팅을 맡게 되어 독립하였고, 몇 년 후 상품 기획에 특화된 회사를 설립했습니다. '식품 회사 사원→컨설턴트→상품 기획 회사 경영자'로 흘러온 것입니다.

또 60대 여성은 모텔에서 일하다가 실내에 갤러리를 만들면서 미술에 조예가 깊어졌고, 머잖아 유명 호텔에서도 큐레이팅을 의뢰받아서 마침내 자기 갤러리를 열었습니다. '모텔 직원→큐레이터→갤러리 경영자'로 흘러왔죠.

저 역시 '일본 전통 복식 강사 → 촬영 기사 → 프리랜서 정보지 편집자→자유 기고가 → 책 저자'로 흘러왔습니다. 『지푸라기 부자』에 빗대긴 쑥스러우나, 아주 작은 기술을 바탕으로 또 다른 기술을 익히면서 옮겨 다녔어요.

이처럼 본업에 최선을 다하다 보면 부수적인 기술까지 배우게 됩니다. 그 과정에서 자신이 할 수 있는 일에 대한 희망도 생겨서 다음 단계로 넘어가기가 쉽습니다.

중요한 것은 '일의 가치는 상대가 정한다'는 사실입니다. 그래서 자신은 생각지도 못했던 일이 '할 수 있는 일'이 되

거나, 심혈을 기울여 준비한 일이 '먹고살기 어려운 일'이
되기도 합니다.

'지푸라기 부자 전략'으로 상승 이동하는 요령은 다음과
같습니다.

- 최초의 지푸라기(=밑천)는 적어도 괜찮다.
- 지금 있는 곳에서 일단 경험을 쌓는다.
- 상대의 기대를 1%라도 계속 넘어선다.

처음에는 비록 하찮은 기술일지라도 끊임없이 갈고닦다
보면 언젠가는 필요한 사람이 나타납니다. 그때부터 자기
실력을 유감없이 발휘하면 됩니다.

제가 존경하는 '지푸라기 부자' 중 한 분이 《호빵맨》으로
유명한 만화가 야나세 다카시(やなせたかし) 씨입니다. 그는
종전 후에 쓰레기 줍는 일을 하면서 잡지를 주워 읽다가
만화가의 꿈을 되살렸고, 이후 고치(高知) 신문의 기자를 거
쳐 미쓰코시(三越) 그룹의 그래픽 디자이너가 되어 만화가를
겸업했죠. 34세에 만화가 수입이 회사 월급보다 많아 독립
했지만, 여전히 생활이 어려워서 방송 작가, 작사가, 무대
장치 제작 등도 병행했다고 합니다.

《호빵맨》이 잡지 《PHP》에 처음 실렸을 때 그의 나이는 50세, TV 애니메이션으로 처음 방영되었을 때는 69세였습니다.

"결국 사람은 남을 기쁘게 했을 때 가장 기쁘다는 사실을 깨달았습니다. 아주 단순한 이치죠. 사람은 사람을 기쁘게 할 때 가장 기쁩니다."

그가 남긴 이 말이 저에게는 삶의 지침이 되었습니다.

야나세 씨는 남에게 무엇이 필요한지 늘 생각하는 사람이었습니다. 그래서 각계각층의 사람들이 기대를 품고 여러 일을 의뢰했답니다. 그는 94세로 세상을 떠날 때까지, 이 모든 기대에 부응하려고 한결같이 노력했습니다.

○ '지푸라기 부자'는 항상 필요에 부응하는 사람이다

하고 싶은 일로 경제적 안정도 얻는다
— 성장할수록 부가 수입도 늘어난다

칼럼니스트 말콤 글래드웰(Malcolm Gladwell)의 저서 《아웃라이어》에 나온 '1만 시간의 법칙'이 화제가 된 적이 있죠. 그것은 아무리 초보자라도 1만 시간 동안 학습하거나 훈련하면 전문가가 될 수 있다는 법칙입니다.

1만 시간은 평일 8시간씩 할 때 약 4년 9개월가량 걸립니다. '5년을 하면 대개 전문가가 된다'는 것은, 저도 지금까지 다양한 일을 해 오면서 실감했습니다. 거꾸로 말하면 회사에 얽매이지 않고 자기 마음대로 일할 경우에는 성격에 맞지 않는 한 5년 이상 지속할 수 없다는 뜻이죠.

예를 들면, 저는 글쓰기와 사진 촬영은 오랜 세월 하고 있지만, 그 외의 가르치기, 영업 활동, 사무 작업 등은 몇 년 만에 그만두었답니다. 5년간 계속해야 전문가가 될 수는 있을지라도 제 적성은 아니었거든요. 즉, 자신의 의지로 5년 이상 하는 일은 자기에게 맞고 남이 요구하며, 재미있고 보람 있으며, 몰두하고 시행착오를 겪으며 성장할 수 있는 일입니다. 그런 일은 자연스레 계속하게 되니, 성장에 따라 부가 수입도 늘어나죠.

제 나름대로 '1만 시간의 법칙'을 분석해 보았습니다.

• 흥미로운 일, 관심 있는 일이 아니면 1만 시간을 계속할 수 없다.

• 하고 싶은 일이라도 지속할 수 있을지는 직접 해 봐야알 수 있다.

• 1만 시간 동안 몰두할 수 있는 일을 하면 누구나 어느정도 전문가가 될 수 있다.

• 그냥 배우기만 하고 스스로 시행착오를 겪지 않으면 진정한 기술은 연마할 수 없다.

• 하고 싶은 일은 어떻게든 그 일을 하려 들 테니까 시행착오를 겪게 된다.

요컨대 1만 시간을 할 수 있는 일은 나름대로 전문가로서 벌 수 있는 가능성이 있다는 말입니다.

돈을 벌려면 '양'을 많이 해내거나 '질'을 아주 높이거나 둘 중 하나밖에 없지만, '질'을 올리려면 압도적인 '양'을 해치울 필요가 있습니다.

그러므로 무엇을 선택하느냐가 굉장히 중요합니다.

제 지인 중에는 회사원 시절부터 과자점을 열고 히트 상품을 만들어 내서 한 재산을 모은 사람이 있습니다. 과자를 개발할 때마다 수십 가지씩 시제품을 만들다 보니, 먹고 자는 것도 잊을 만큼 시행착오를 겪었답니다.

그와는 차원이 전혀 다르지만, 저도 회사 다닐 때 주말은 거의 부업인 촬영 기사로 일했어요. 만약 즐겁지 않았으면 휴일까지 써 가며 하고 싶다는 생각은 안 들었겠죠. 열심히 하다가 시행착오를 거치는 사이에 그 일이 꼭 필요하다는 사실도 알게 되고, 수입도 따라왔던 것 같습니다.

이제 확신컨대, 정말로 돈을 벌고 싶다면 괴로움 없이 1만 시간 동안 할 수 있는 일을 하면 됩니다. 결국 돈을 벌고 싶기 때문에 하고 싶은 일을 하는 것입니다.

'1만 시간 할 수 있는 일'에는 경제적 안정뿐만 아니라 정신적 안정도 따릅니다. 자신이 통제할 수 없는 일을 꾹 참고 하면서 돈을 벌 때보다, 자신이 제어할 수 있는 일에 시

간과 에너지를 집중하여 돈을 벌 때 훨씬 더 충실한 느낌
이 듭니다.

꿈을 좇는 과정은 언제 어디서든 기쁨이 있습니다. 50살
이후에 자신이 바라는 일에 몰입하는 사람은 분명 빛나고
매력적인 존재입니다.

○ '질' 높은 일을 하려면 압도적인 '양'을 해내라

인간관계는 손익이 아니라 즐거움이다

― 50부터 소중히 해야 할 인간관계

저는 언제부턴가 인간관계를 거의 '즐거움'으로 선택하게 되었습니다. 사생활은 물론 일하는 상대도 '득이 되는가', '능력이 있는가' 하는 손익적인 면보다, 함께 있으니까 '즐겁다', '설렌다', '편하다', '웃는다' 등의 정서적인 면을 더 중시합니다.

업무에 사사로운 정을 개입시키는 것은 일하는 자로서 자격 미달에 해당한다 하겠죠. 그러나 좋은 성과를 내려면 스트레스를 주는 사람과의 교제는 피하고 기분 좋은 환경을 만들 책임이 있습니다.

'함께 있을 때 즐거운 사람'이란 '장단이 맞는 상대'입니다. 시각이나 가치관이 비슷하므로 조금만 설명해도 이해합니다. 의견 대립이 있어도 목적을 공유하면 극복할 수 있어요. 소모적 논쟁이 없죠.

반면 '답답하다', '안 맞는다'고 느끼는 상대는 소통하는데 막대한 시간과 에너지가 필요합니다.

업무상 스트레스는 대부분 인간관계에서 오고, 그 때문에 무너지는 사람도 많습니다. 그래서 '즐거움'을 기준으로 하는 것은 의외로 합리적인 선택입니다.

일하다가 잘 안 맞는 사람을 만났을 때는 억지로 사이좋게 지내려고 애쓸 것이 아니라, 어차피 업무적인 관계이니 예의에 어긋나지 않을 정도로만 대하면 충분합니다. 나름대로 거리를 두어야 서로 스트레스가 적습니다.

50부터 꽃을 피우려면 어떤 사람과 어울리느냐가 아주 중요합니다. 나이와 상관없이 과감히 도전하는 사람, 호기심과 탐구심이 넘치는 사람들과 사귀다 보면 자연스레 감화되기 마련입니다. 나이 때문에 시간을 무료하게 보내는 사람, 줄곧 똑같은 푸념만 늘어놓는 사람들 속에 있으면 어느새 물들어 버려 더 이상 성장을 멈추게 됩니다.

40~50대가 되면 각자 가는 길이 달라집니다. 목적이 명확할수록 만나는 상대도 취사선택하게 되죠. 이때는 함부로 많은 사람과 어울리거나, 어쩌다 얽힌 사람에게 맞추려고 애쓰는 것을 포기하는 용기가 필요합니다.

진짜 소중한 사람은 자꾸 이야기하고 싶고, 뭔가 해 주고 싶으며, 무리하지 않아도 관계가 계속됩니다.

'50부터 소중히 해야 할 인간관계'는 다음과 같습니다.

1) 내가 베푸는 관계

내가 받기보다 줄 수 있는 공간에서 역할이 생기고 신뢰가 쌓입니다. 직장에서도 개인적으로 돕거나 고민을 들어주면, 직장을 떠나도 그 사람과의 관계는 이어집니다. 원하는 정보를 제공하거나 작은 친절을 베풀거나 필요한 사람을 소개하는 등 사소해도 괜찮습니다. 그러면 나도 부담 없이 편한 마음으로 부탁할 수 있게 됩니다.

2) 나와 다른 사람과의 관계

'즐거운 사람'은 '편한 사람'이 아닙니다. 나와 성격이나 가치관이 비슷한 사람만 만나다 보면, 객관성과 유연성이 떨어지고 사고가 굳어 버립니다. 연령대가 다른 사람, 다른 분야의 지식이나 경험을 가진 사람, 문화가 다른 사람들과도 이야기하고 친구가 되어야 크게 배울 수 있습니다. 비록 다른 유형이지만 관심 가는 사람, 존경하는 사람, 공통점이 있는 사람과의 관계는 계속될 것입니다.

3) 멘토와 멘티의 관계

멘토는 상담과 조언을 해 주는 사람입니다. 그냥 지켜봐 주는 사람으로서 본보기가 되기도 하죠. 앞서가는 사람의 생각과 행동은 나에게 배움과 실천의 힘을 줍니다. 길을 잃었을 때 위기의 순간에도 깨달음을 줍니다.

멘토로 삼고 싶은 분이 있으면, '○○ 씨가 계셔서 다행입니다', '덕분에 이렇게 컸습니다'라고 감사의 마음을 전해 보세요. 굳이 멘토가 되어 달라고 부탁하지 않아도 항상 지켜봐 줄 것입니다.

소중한 사람을 아껴야 50살 이후에 행복하게 성장할 수 있습니다.

○ 애써 인간관계를 구축하려 들지 말고, 애쓰지 않아도 유지되는 관계를 소중히 하자

싫은 일, 못하는 일은 내려놓아라

— 해야 한다는 생각에 휘둘리지 마라

내 인생은 나의 것! 당연한 말입니다. 하지만, 회사의 논리나 주변의 시선에 휘둘려 나답게 살지 못하는 사람도 많지 않을까요? 아니, 실은 그런 외부적 환경에 휘둘리기보다 오랫동안 스스로 주입해 온 '해야 한다'라는 강박 관념에 사로잡혀 있는지도 모릅니다.

50부터 느긋하게 살려면 '하고 싶은 일', '잘하는 일'을 하는 것도 필요하지만, 무엇보다 '싫은 일', '못하는 일'을 내려놓는 것이 중요합니다. '싫은 일', '못하는 일'은 아무 생각도 없이 할 때가 많습니다.

예를 들어, 굳이 하지 않아도 되는 잔업, 못하는 일을 남만큼 하려고 하는 노력, 내키지 않는 관계, 쓸데없는 자격증 취득과 기술 연마 등으로 '나는 언제나 열심히 하고 있다'며 위안을 삼죠.

성실한 사람일수록 '어떤 일이든 무조건 열심히 해야 한다'고 자신을 채찍질하면서, 마음에 들지 않아도 견디는 것을 당연히 여기는 경향이 있습니다.

50살 이후에는 그런 속박에서 벗어나야 하지 않을까요? 억압된 상태로 계속 달리기만 하면, 하고 싶은 일을 찾아도 힘든 일을 우선하므로 '시간이 없다'며 끝끝내 자기 꿈을 실현할 수 없게 됩니다.

전략적으로도 정신적으로도 싫은 일, 못하는 일을 계속하는 단점은 헤아릴 수 없습니다. 그래도 하나쯤 이득이 있으니 그 일을 못 놓는 것이겠죠. 사실 하고 싶은 일, 잘하는 일을 하면 혜택이 훨씬 더 클 텐데요….

저도 한때는 '일이라면 싫어도 해야 한다'고 이를 악물며 달려왔습니다. 그러나 지금은 일도 재미있게 몰두하는 '놀이'라고 생각하기에, 하고 싶은 일만 하고 하기 싫은 일은 전부 쳐내고 있답니다. 잘 맞지 않는 사무 작업을 좀 병행하고는 있지만, 그것은 하고 싶은 일을 하기 위한 일환으로 게임하듯 후딱 해치워 버립니다.

저는 여태껏 참 많은 일을 해 왔습니다. 싫은 일이나 못하는 일을 계속하면 인생이 굉장히 비참해진다는 사실을 뼈아프게 깨달았죠. 그때는 성과가 나지 않아 인정받지도,

돈을 벌지도 못했습니다. 아무리 노력해도 가슴을 펴기는커녕 자기 자신조차 만족시킬 수 없었답니다.

그 비참한 인생을 벗어나기 위해 고민 끝에 나온 전략이 '하고 싶고, 잘하는 일'로서 '필요한 일'에만 시간을 들이는 것이었죠. 결국 자신에게 정직해지니까 악착 떨지 않아도 더 큰 성과와 만족을 얻을 수 있었습니다.

'싫은 일', '못하는 일'을 하고 있을 때는 '높은 급여', '이름값', '그럴듯한 겉모양' 등 외면에만 반응하는 습관이 들러붙게 되어, 자신의 본심과 감정 같은 내면에는 눈길이 가지 않습니다. 그래서 하고 싶은 일이 뭔지 아무리 생각해도 찾기 어렵습니다.

그런 경우에는 '이 일은 정말 하고 싶은가?', '이 배움은 즐거운가?', '이 관계는 진심으로 기쁜가?'라고 자문하며 지금 하고 있는 일에 대해서 마음의 소리를 들어 보세요. 그러면 자연스럽게 할 일이 정해집니다. 나와 대화하는 시간도 늘어날 테고요.

싫은 일을 과감히 쳐내면서 자꾸 손을 놓아야 그 마음속 빈자리에서 하고 싶은 일이 싹틀 것입니다.

하고 싶은 일뿐만 아니라 여행, 봉사, 유학, 악기 연주 등

뭐든지 좋습니다. 바로 계획에 넣읍시다. 항아리 안에 큰 돌부터 넣지 않으면 영영 들어갈 공간이 생기지 않는 것처럼, 하고 싶은 일을 남은 시간에 하려고 하면 절대 실현되지 않으니까요. 맨 처음에 큰 돌을 넣으면 자연스럽게 다른 돌은 들어가지 않게 됩니다. 당신의 큰 돌을 찾아서 꼭 그것을 최우선으로 하세요.

○ **하기 싫은 일을 쳐내야 하고 싶은 일이 보인다**

금전 감각이 있어야 미래가 보인다

— 돈을 어떻게 벌지 구상하라

50부터 자신의 길로 살려면, 어떻게 돈을 벌고 쓸 것인가 하는 금전 감각이 매우 중요합니다. 장래가 불안한 생활 속에서는 자기 길을 걸을 수가 없으니까요.

한때 '고령자 부부의 30년간 노후 자금으로 2억 원이 필요하다'는 보고서가 나오자 비난이 쏟아진 적이 있습니다. 2억 원을 모으는 것은 보통 일이 아닙니다. 달마다 50만 원씩 모은다 해도 33년 이상 걸리고, 퇴직금은 주택 대출 갚기에 써야 하는 사람도 많을 것입니다. 그러므로 저축을 하기보다 조금씩이라도 계속 일하는 편이 훨씬 안정적인 선택입니다.

저는 60살 이후에도 월 100만 원 이상 버는 생활을 추천합니다. 하루에 5만 원씩, 20일간 일하면 한 달에 100만 원, 20년간 일하면 총 2억 4천만 원을 벌 수 있습니다.

60부터 하루 5만 원을 벌기 위해 구체적으로 할 수 있는 일을 지금 찾아봅시다. '아무것도 못한다'는 사람도 앞으로 5~10년 준비하면 충분히 능력을 갖추리라 믿습니다.

재고용·재취업·자영업·아르바이트 등 일하는 방식은 다양합니다. 어쨌든 계획을 세운 뒤에 다음 단계로 나아가야 안심하고 일에 몰두할 수 있겠죠.

'매월 얼마 이상 벌겠다'고 정해 두면, '주기적으로 들어오는 일거리를 확보한다', '전 회사의 업무를 위탁 수행한다', '다른 사람과 제휴하여 업무 일부를 대행한다', '본업의 모자란 수입은 부업으로 메운다' 등 자기 나름대로 방법을 모색할 수 있습니다.

저는 돈은 인간의 '기대'에 대해서 지불하는 것이라 생각합니다. 왜 고급 클럽에 남자는 비싼 돈을 쓰고, 왜 피부 관리에 여자는 돈을 쓸까요? 그들이 무슨 기대를 걸고 있기 때문입니다. 계속 기대하면 돈을 내고, 더 이상 기대하지 않으면 돈을 내지 않겠죠.

일을 꾸준히 하려면 매번 상대의 기대를 1%라도 초과 달성하는 수밖에 없습니다. 그러면 기대가 조금씩 높아져 일도 보수도 늘어납니다. 몇 년 하다 보면 일이 기대에 못

미치더라도 그동안 신뢰 관계가 쌓여 있기 때문에 '뭐 그럴 때도 있지' 하고 또 기대해 줄 테고요.

나이를 먹어도 일거리가 끊이지 않는 사람은 '상대가 자신에게 무엇을 기대하는지', '그 기대에 어떻게 부응할 수 있는지'를 자신만의 전략으로 잘 아는 사람입니다.

'상대가 나한테 기대를 거는 만큼 돈을 벌 수 있다'고 생각하면 헷갈리지 않습니다. 객관적인 눈으로 자신의 길을 보게 되지 않을까요? 그런데 '돈을 어떻게 버느냐'보다 더 중요한 것이 '돈을 어떻게 쓰느냐'입니다.

예전에 저에게 무료로 집을 빌려준 80대 여성이 있었죠. '글을 쓰고 싶다'는 저에게 기대를 걸고 지원한 것입니다. 가족이 없었던 그녀는 불편한 다리를 이끌고 연금을 받아 소박하게 생활했답니다. 과거 초등학교 교사여서, 제자들이 찾아와 정원 손질이나 장보기를 도왔습니다.

그녀는 식료품을 사는 것 말고는 돈을 거의 쓰지 않았지만, 한 해에 몇 번씩 여행을 훌쩍 떠났습니다. 어느 날 '마다가스카르의 바오밥나무'를 보러 가고, 갑자기 '지중해 크루즈의 오페라'를 들으러 가겠다면서요. 제자들 말에 따르면 지역 내 사찰이나 전 직장이었던 초등학교에도 기부금을 내고 있다고 했습니다.

돈을 대담하게 쓴다 싶어, '주식 투자라도 하시느냐?'고 여쭌 적이 있는데, 대답이 걸작이었습니다.

"좀 하긴 하지만, 그다지 돈은 안 돼. 돈은 탱크 속의 물 같은지라, 평소엔 잠가 뒀다가 필요할 때 꼭지를 틀면 바로 나오거든."

그 말씀을 듣고 저는 깨달았습니다. '비록 수입이 불안정하더라도, 달마다 생활비 한도를 정해 놓고 살면 크게 불안하지는 않겠다'는 확신이 든 것입니다. 부족한 돈을 인간관계로 메울 수 있다는 사실도 배웠답니다.

수입과 지출을 현실 속에서 구체적으로 따져 보니까, 막연한 불안이 사라지고 용기가 솟았어요. 아마 그때부터 제 인생에 '기대'를 품게 된 것 같습니다.

○ 돈은 '기대'의 상징! 나이 들수록 기대를 높일 방법을 궁리하자

인맥만큼 귀한 자산은 없다

— 현재의 인간관계를 소중히 여긴다

세상에는 혼자 할 수 있는 일이 거의 없습니다. 작가라는 일도 혼자 하는 것 같지만, 편집자·디자이너·영업사원·서점 직원 등 많은 사람들이 관련되어 있습니다. 그냥 제 역할이 있을 뿐이죠.

함께 일하는 사람과 궁합이 잘 맞으면 화학 반응이 일어나듯 자신도 모르는 능력을 발휘하여 굉장한 성과를 낼 수 있습니다. 일이 있는 까닭도 누군가가 기대하고 일을 주며, 결과를 좋게 평가한 후, 또 다른 일을 주기 때문입니다. 그 과정에서 보람도 느낄 수 있고요.

정년퇴직 후에도 붙잡혀 회사 임원으로 일하는 한 60대 여성은 '내 업무의 90%는 사람과의 관계로 이루어져 있다' 고 했습니다. 그녀가 큰 프로젝트를 성공시킨 실적도 사람 사이의 화학 반응으로 생겨난 것이겠죠.

특히 50부터는 업무 기술만큼이나 사람과의 관계가 중요합니다. 어느 정도 나이가 들면 젊은 사람들이 '함께 일하기 껄끄러운 사람'으로 여겨 멀리하기 때문입니다. 업무 능력이 비슷하면 부담 없이 얘기하고 지시하기 편한 젊은 이를 선호하는 것은 당연하겠죠.

어떤 지인은 부장으로 정년퇴직했습니다. 그는 재직 당시에는 일 잘한다는 평가를 받았는데도, 재고용된 후에는 전 부하 직원들이 몹시 괴롭혀 3개월 만에 그만뒀다고 합니다. 예전에 그와 부하들의 사이가 좋지 않았다는 소문이 들려오더군요.

행복하게 일하는 사람들은 서로 신뢰할 만한 동료들에게 둘러싸여 있습니다. 50부터 꽃피느냐 시드느냐의 문제는, 바로 사람과의 관계에 달려 있는 것입니다.

그러나 사람과의 관계가 소중하다고 해서 급하게 인맥을 만들 필요는 없습니다. 인맥은 억지로 되는 것이 아니라 결과적으로 생기는 것이니까요. 새로운 인맥을 넓히기 위해 파티나 교류회 등에서 명함을 뿌리면서 관심을 끌어 봤자, 나중에 일로 이어질 가능성은 적습니다.

50살 이후에는 새로운 인간관계를 추구하기보다 현재의 인간관계를 소중히 해야 합니다. 또, 다양한 사람과 SNS를 통해 연결되는 시대라 해도 무작정 인맥을 넓히기보다 질 높은 인간관계를 구축하는 것이 중요합니다. 특히 그동안 함께 일했던 동료, 오래 거래한 고객, 꾸준히 지켜봐 준 선배 등은 서로 잘 이해해 주고 정도 꽤 들었겠죠.

실제로 50살 이후 재취업하는 사람은 구인 잡지나 고용 정보센터 등이 아니라 주변 사람의 권유나 소개로 새 직장을 찾는 경우가 대부분입니다.

저도 개별 작업을 진행할 때는 인터넷으로 의뢰를 받기도 하고 모르는 사람과 메일, SNS로 소통하기도 합니다. 그 방식은 다양한 세대와 교류하면서 도움을 받기에는 편리합니다. 그러나 얕은 관계를 맺은 사람과는 업무적 조언을 주고받거나 곤란할 때 돕거나 사람을 연결해 주기는 어렵습니다.

반면 오래 알고 지낸 사람은 신뢰가 쌓여 있으므로 서로 안심하고 충고할 수 있습니다. 설령 의견이 대립하더라도 관계가 크게 손상되지 않고, 오히려 '말해 줘서 고맙다'는 마음이 듭니다.

지금까지는 회사가 교육하고 조언하며 일감을 주고 평가도 해 왔으나, 50부터는 그 역할을 대신할 사람을 직접 찾아야 합니다.

그런 깊은 관계는 업무 수행 중에, 또는 일상생활 중에 생겨납니다. 그러므로 회사 내의 인간관계가 살아 있을 때 다음 단계를 준비하는 게 좋습니다.

모든 일과 만남을 소중히 여기고, 먼저 적극적으로 찾아와 준 사람들을 120% 만족시키려 하면, 일과 인간관계도 자연스럽게 이어질 거예요.

인맥을 넓히려 애쓰기보다 자기 역할을 파악하고 해야 할 일을 하는 것이야말로 좋은 인연을 만들고 유지하는 비결입니다.

○ 인연은 역할과 공헌 속에서 이루어진다

뭘 어떻게 씨뿌려야 할지?

— 도전이 자기 투자가 된다

IT 기업에서 일하는 한 40대 남성이 '20~30대에 익힌 기술은 50대는커녕 40대까지도 못 간다'며 한탄한 적이 있습니다. 시대의 발전도, 새로운 기술도, 젊은이와의 대화도 따라갈 수 없어 버티기가 힘들었다는 것입니다.

예전에는 '10대까지 공부하고 20대에 씨를 뿌려 자기 적성을 찾고 30~40대에 역량을 키우고 50대에 수확한다'는 것이 일반적인 흐름이었습니다. 그러나 시대의 속도가 빨라지고 정년도 연장되는 바람에 이제는 단계마다 몇 번이나 씨를 뿌려야 할 형편입니다. 하지만 무슨 씨를 어떻게 뿌려야 할지 모르는 사람이 많은 듯합니다.

제 친구의 남편은 재취업을 위한 인맥을 만든다면서 업종별 교류회 등에 지극정성으로 나간답니다. 자기 관리를 한다면서 남성용 피부 관리실에 다니고 정장을 맞추더니,

재교육이 필요하다면서 자격증 취득 과정에 등록하고 부동산 투자 세미나를 여러 개 듣고 있답니다. 이렇게 자기계발에 적극적인데도, 살림만 궁핍해질 뿐 구체적인 성과는 아직 없다는군요. 그러니 무작정 자기 투자를 하는 것은 불안을 해소하려는 목적이 큰 것 같습니다.

50부터는 이것저것 손대기보다 자신이 이길 수 있는 씨름판에서 승부를 거는 것이 좋습니다. 지금 가진 강점이나 사회에 공헌할 수 있는 일을 고려해야 합니다.

다만, 직업으로 성립되느냐 마느냐에 상관없이 '일단 뭐든지 해 보자'는 여유도 필요합니다. 기본적으로 '놀이'라고 생각하면 실패해도 잃을 것이 없기 때문입니다.

제 친구 중에 통신 판매 회사를 경영하면서 10년 전부터 취미로 단전 호흡을 수련한 사람이 있습니다. 처음에는 취미였지만 어느새 푹 빠져서 주말 문화 센터에서 사람들을 가르치는 단계로 발전했는데, 5년 후에는 회사를 물려주고 기공 수련원을 운영하고 싶다고 합니다. 몇 년 전부터 배운 약선 요리와 단전 호흡을 접목하여 가르칠 예정이라네요. 다행히 사업 수완이 있는 친구라서 전망은 그리 나쁘지 않답니다.

처음부터 '일을 하자'며 잔뜩 벼르기보다, '일이 안 될지 모르지만 에멜무지로 해 보자'는 가벼운 마음으로 임하면 자신의 적성을 판별하기가 쉽습니다.

저는 40살 직전에 상경할 때부터 '나머지 인생은 놀이하듯 살자'고 결심했습니다. 가고 싶은 곳이 있으면 가고, 만나고 싶은 사람이 있으면 만나고, 신기한 것을 구경하고, 처음 해 보는 일은 체험해 보고, 살고 싶은 장소에서 여행을 하는 것처럼 산다…는 식으로요!

일도 몰입할 수 있는 놀이입니다. 자신이 무엇을 잘하고 못하는지 알기 때문에 할 만한 '게임'도 고를 수 있습니다. 저도 자유 기고가로 상경했을 당시 '앞으로 10년 안에 어디까지 갈 수 있을지 도전해 보자'는 마음이었습니다.

일은 놀이, 즉 게임이므로 너무 쉬우면 재미없습니다. 또, 다른 사람들을 기쁘게 하기 위해 열중하지 않으면 의미 자체가 사라집니다.

40대 중반에 중국어를 전혀 모르는 상태로 대만의 대학원에 유학한 것도 놀이와 같았습니다. '일본이 살기 힘든 나라인 이유'를 일본 밖에서 찾고 싶었거든요.

성인이 되어 다시 하는 공부는 정말 즐거웠습니다. 전공인 사회학뿐만 아니라 방위·종교·경제 등도 함께 배우니까, 마치 점과 점이 이어지듯 전체상이 보이기 시작했죠.

일이든 놀이든 공부든 모두 '흥미로운 것을 해 보기'의 반복입니다. 이 시도야말로 진정한 자기 투자가 아닐까요? 인간은 경험의 축적으로 사고하고 행동하며 사람과 연결되기 때문입니다. 경험과 정보가 늘어날수록, 그것이 남들과 다를수록 기여할 수 있는 여지도 많아집니다.

생각해 보면 신기한 일입니다. 성실하게 살려고 애썼던 20~30대보다 놀이하듯 쉬엄쉬엄 사는 40대부터 제 톱니바퀴가 세상과 더 잘 맞물려 돌아가니 말입니다.

○ 일도 놀이도 배움도 즐거운 것을 해야만 진정한 자기 투자가 된다

제4장

일을 맡기고 싶은
사람이 되자

일의 진정한 보상은 다음 일이다

― 일을 계속 맡기고 싶은 사람이 되어라

50살부터 '애쓰지 않고 느긋하게 일하는 삶'을 누리려면 '일을 계속 맡기고 싶은 사람'이 되어야 합니다.

제4장에서는 '할 수 있는 일을 찾아 키워 나가는 방법'과 '필요한 사람이 되는 방법'을 소개하겠습니다. 어쩌면 후자가 더 중요할지도 모르겠군요.

본인은 자기 재능(할 수 있는 일)을 잘 모르는 법입니다. 그래서 본인은 별것 아니라고 생각하는 일에 대해 누군가가 "그거 대단한데!"라며 의뢰하는 경우가 있습니다. 즉 남의 기대에 부응할 수 있는 기회가 주어진 것입니다. 그것은 시행착오와 배움의 기회, 자신의 재능으로 남을 기쁘게 하고 도울 수 있는 기회이기도 합니다. 사람은 그런 다양한 기회 덕분에 성장할 수 있습니다.

반대로, 빨리 성장하려고 자격증을 따거나 기술을 배우

는 등 계속 인풋은 하지만, 그것을 실천하기 위한 아웃풋의 기회가 없으면 뻗어 나갈 수 없습니다.

언제까지 어떻게 일할지는 사람마다 다르겠지만, 70~80대까지 일선에서 활약하는 사람들은 공통점이 있습니다. 젊어 보이는 데다가 대화를 즐겁게 이끈다는 것이죠. 그들은 '좀 더 얘기하고 싶다'는 생각이 저절로 들 정도로 매력적입니다. 아마도 거의 매일 여러 사람들을 만나 교류하므로 상대에게 맞추거나 남을 기쁘게 할 기회가 많기 때문일 것입니다.

일만 해도 기술은 단련할 수 있지만, 50대 이후에 활약하려면 젊은 사람들과 활발하게 대화하며 새로운 지식을 배우고 소통 능력을 키워야 합니다. 그 과정에서 세상을 보는 다양한 시각을 갖추게 되고, 마음의 그릇도 커집니다. 스스로 성장할 기회가 많아지는 셈이죠.

아무도 자신을 필요로 하지 않는 곳에서 혼자 노력하면 어떻게 될까요? 사람들과 교류할 때와 비슷한 성과를 내고 비슷한 수준으로 성장하려면 엄청난 체력과 정신력을 쏟아부어야 할 것입니다.

사람은 자신을 위해서는 큰 힘을 내지 못하다가도 다른

사람을 기쁘게 해 주기 위해서는 몇 배나 노력할 수 있는 존재입니다. 자신이 누군가를 돕기 위해 일하는 것 같지만, 실은 자신이 스스로를 돕는 결과로 이어집니다. 그러니까 자기 역할을 잘하는 것이야말로 삶의 보람을 느끼고 경제적인 여유를 누리며 몸과 마음을 건강하게 유지하는 가장 견실한 방법입니다.

'필요하다', 즉 요구된다고 하는 것은 자연스럽게 성장할 수 있는 원동력입니다. 회사에서는 '필요한 사람'이 되려고 특별히 노력하지 않아도 일감은 계속 주어집니다. 그러나 회사를 벗어나면 사정이 달라집니다. 개인으로서 필요한 사람이 된다는 말은, 업무 의뢰를 꾸준히 받는 사람이 된다는 뜻입니다. 그런 의미에서 일의 진정한 보상은 '다음 일'이라고 할 수 있습니다.

하나의 일을 마치고 거래가 끝나 버리면 안 됩니다. 상대가 기대한 이상의 결과를 돌려주어 '당신에게 부탁하길 잘했다', '또 의뢰하고 싶다'는 반응이 나와야 합니다. 비록 보수가 적더라도 앞으로 일이 잇따라 생기면 전체적으로는 이득이 될 테니까요.

작업 의뢰가 이어지지 않는 상황을 실제로 경험하고 나면, '남과 똑같이 해서는 안 되겠다', '필요한 사람이 되는 나만의 방법을 찾아야겠다'는 생각이 저절로 들 것입니다. 내가 잘하는 일과 못하는 일을 가름하여 잘하는 일을 늘려 가는 방법을 겸허히 궁리할 수밖에 없습니다. 제4장에서는 그런 '필요한 사람이 되는 방법'을 알려 드리겠습니다.

○ 성장하는 사람은 남이 요구하도록 만든다

나의 장단점은 남이 잘 찾는다

— 나는 나의 강점을 깨닫지 못한다

인생 후반전에 자기에게 적합한 활동을 찾으려면 자신을 아는 것이 무엇보다 중요합니다. 앞서 말한 것처럼 '해 보고 싶다'고 뭔가를 시작해도 자신의 강점과 약점을 모른다면 시간과 노력을 허비하게 될 테니까요.

지금까지 일에서 제대로 평가받지 못하고 자신도 없으며 성장할 수도 없었다면 맞지 않는 일을 했기 때문입니다.

50부터는 '하면 뭐든지 할 수 있다'거나 '잘 못하는 일을 극복해야 성공할 수 있다'고 허풍 떨 겨를이 없습니다. 약점에 연연하지 말고 강점을 철저히 살려 나가야 합니다.

자신의 강점을 찾는 가장 적절한 방법은 스스로 찾는 것이 아니라 지금까지 함께했던 사람들이 찾도록 하는 것입니다.

누구나 가족이나 친구, 동료 등 오래 사귄 사람에게서 좋은 평가를 받거나 감사 인사를 받은 적이 있지 않을까요? 일의 기술뿐만 아니라 '대화하면 치유된다', '진행 절차에 뛰어나다', '조언이 정확하다', '요리를 잘한다' 등을 가능한 한 많이 찾아서 종이에 써 보세요. 없으면 가까운 사람에게 '나는 어떤 일에 쓸모가 있을까?', '대단한 점이 있어?'라고 물어봐도 좋습니다.

저는 작업을 의뢰하지 않은 사람에게서도 '눈치가 빠르다', '언어 감각이 있다'는 칭찬을 종종 듣습니다. 하지만 저는 감이 잘 오지 않아서, "그래요? 보통 아닌가요?"라고 대꾸할 때가 많습니다. 최대의 강점인데도, 본인은 당연한 것으로만 알고 있으니 노력할 필요가 없기 때문에 깨닫지 못하는 것이겠죠.

이런 강점을 일에 활용하면 매우 쉽고, 더구나 즐기면서 남을 기쁘게 해 줄 수 있습니다. 반면 서투른 일로 남을 기쁘게 하려고 하는 것은 매우 어렵습니다.

저는 일에 대한 강점과 약점은 본인이 아니라 주위에서 정해 주는 것이라고 생각합니다. 회사원이든 프리랜서든 아르바이트든, '지금 내가 하는 일을 다른 사람들이 어떻게 평가하는가'를 의식해야겠죠. 그래야 자신이 필요한 곳과

불필요한 곳을 알 수 있습니다.

40~50대가 되면 평가받는 범위도 좁아지기 때문에 오히려 편합니다. 자신 있는 부분을 잘 다듬어 나가면, 약한 부분은 너그럽게 봐줄 것입니다.

저도 이것저것 하면서 남들이 좋게 평가해 주는 일을 신나게 하고 끈질기게 하다 보니, 어느새 나름대로 실력을 갖추게 되었습니다. 남이 기뻐하거나 재밌어하는 일은 점점 기대되면서 수요가 늘어나기 때문에 필연적으로 실천함으로써 단련됩니다. 물론 제대로 평가받지 못한 일도 산더미처럼 쌓여 있습니다. 저 스스로는 잘한다고 생각하더라도, 기대받지 못하면 당연히 실력도 연마되지 않습니다.

많은 사람들이 강점을 높은 수준으로 올리기보다 약점을 평균 수준으로 올리는 데 시간과 노력을 들입니다. 실제로 못하면 열등감이 생기므로 어떻게든 극복하려고 합니다.

그러나 남들은 나의 약점에 신경 쓰지 않고, 오히려 나의 강점에 관심이 있습니다. 이처럼 자기 평가와 타인 평가는 전혀 다릅니다.

성숙한 어른이라면 '이게 나야, 뭐 어때서?'라며 자신이 잘하는 일과 못하는 일, 좋아하는 일과 싫어하는 일을 당당히 밝혀도 좋습니다. 성과가 나지 않는 일은 깨끗이 포기하거나 남에게 맡기고 자기 역할에 전념합시다.

일에서 요구되는 것, 인정받는 것, 앞서가는 것… 등에 대한 타인의 평가는 회사를 떠난 후에 더욱 중요하고, 자신을 지탱해 주는 힘이 됩니다. 어쩌면 사람이 지치고 무너지는 까닭은, 그렇게 인정받고 요구되기도 하는 역할을 찾을 수 없기 때문일지도 모릅니다.

○ 진짜 강점은 '자기에게 당연한 일'에 있다

객관화 능력이 성장을 좌우한다

— 할 수 있는 일과 할 수 없는 일을 알아야 한다

50살 이후에는 노력하지 않아도 성과가 나오는 구조를 만들어야 합니다. 그때는 체력과 정신력에 의존하는 연령대가 아니죠. 그래서 자신을 객관적으로 보는 능력이 중요합니다. '이렇게 하고 싶다', '저렇게 되고 싶다'는 주관적인 희망을 이루려면, '내가 어떤 사람이고 어떤 기술이 있으며 무엇을 어떻게 했을 때 성과가 난다'는 객관적인 인식이 필요합니다.

50부터는 자기 객관화 능력이 있는 사람과 없는 사람의 차이가 크게 벌어집니다. 자신을 객관화할 수 없는 사람은 매무새가 흐트러져 있고 말도 조리에 닿지 않습니다. 자신의 상품 가치를 모르기 때문에 강점을 살리지 못하고 노력의 방향도 엉뚱하게 잡습니다. 또 남의 의견을 듣지 않고 자신의 실패와 잘못을 인정하지도 않으므로 전혀 성장하지 못합니다. 그래서 결국은 '꼰대'가 되기 쉽죠.

'나는 내가 제일 잘 안다'고 하는 사람은 위험합니다. 객관화할 수 있는 사람은 '내가 못 본 부분도 있다'고 솔직히 인정하는 법입니다.

자기 객관화 능력이 있는 사람은 무조건 남과 맞추거나 대립하지 않고 유연한 자세로 주위와 잘 타협합니다. 일할 때도 '자신이 무엇을 잘하고 못하는지', '실력이 어느 정도인지', '그 일을 하면 성과가 얼마나 될지' 등을 냉정하게 파악하고 있으므로, 자기 역할을 찾아 능력을 발휘하기도 하고, 남에게 의뢰하거나 양보할 수도 있습니다. 즉 객관화는 유연성과 일맥상통하는 것입니다.

자기를 객관화할 수 있는 사람은 자신을 솔직하고 겸허하게 받아들입니다. 자신이 하고 싶은 것도 제대로 알고 있으니, 유연하게 강점을 늘려 갈 수 있습니다.

유학 시절, 대만에서 수제 액세서리를 판매하며 생활하는 일본인을 만났습니다. 그녀는 현지의 금속 공예 학교에 다니며 위탁 판매, 통신 판매는 물론 벼룩시장에서도 팔았으나 수입은 많지 않았습니다.

그래서 저와 주변 사람들이 "대만에서 살 거라면 대학원에 가서 일본어 교사가 되는 길도 있다"고 조언하자 그녀는

40대인데도 바로 실행에 옮겼죠. 그녀는 중국어·대만어도 할 줄 알아서 재학 당시부터 굉장히 인기를 끌었고, 졸업 후에는 거뜬히 대학 강사가 되었습니다. 전임 강사로 와 달라는 제안도 여러 번 있었는데, 그녀는 자유롭게 살고 싶다면서 모두 거절하고 시간 강사로 만족했답니다.

한편 그녀는 친구 카페에서 만들던 과자의 평판도 좋아, 온라인 강좌를 통해 일본 과자의 제조 기술을 본격적으로 익혔습니다. 원래 디자인 감각이 뛰어나 겉모양이 예쁜 일본 과자로 대만인의 마음을 사로잡은 것입니다. 하다 보니 용기가 생겨, 대학교 여름방학 때는 파리에 과자점을 내서 큰 호평까지 받았다네요.

차근차근 자기 강점을 살려 인생을 즐기는 사람이 바로 그녀가 아닐까 생각합니다. 언제나 특이한 옷을 입었지만, 결코 불쾌하지는 않았습니다. 오히려 멋지다고 칭찬받았죠. 그녀는 자신을 억지로 내세우지 않으면서도 남을 기쁘게 하고 감동시켜서 결과적으로 인정받았습니다. 그러니까 그녀는 '무엇이 받아들여지고 무엇이 받아들여지지 않는가'를 알고 있었던 셈이죠.

50부터 자기 객관화를 통해 꽃을 피우는 사람은 다음 세 가지 특징이 있습니다.

- 자신이 어떤 사람이 되고 싶은지 안다.
- 자신의 강점을 안다.
- 주위의 관점에 서서 공헌을 계속한다.

특히 세 번째가 중요합니다. 어떻게 하면 남이 기뻐할지 연구하다 보면 성장은 따라옵니다. 남이 기뻐하지 않을 경우에는 고쳐 나가면 됩니다.

'나는 열심히 했는데도 왜 기뻐하지 않느냐'고 주변에 책임을 돌리는 것은 자기 객관화 능력이 없다는 증거입니다. 50부터는 스스로 변화해 가는 유연성이 필요합니다.

○ 자기 객관화 능력은 '공헌'을 통해 기를 수 있다

고용되는 사람에서 의뢰받는 사람으로!

— '뭐든지 할 수 있다'에서 '이것을 할 수 있다'로!

50살 이후에도 일선에서 활약하는 사람들은 대부분 전문성이 있습니다. 그들은 '무엇이든 할 수 있다'가 아니라 '이것을 할 수 있다'고 하는 특기가 있으므로 업무 의뢰를 꾸준히 받죠.

나이를 먹을수록 윗자리에 오르는 사람이 많지만, 실제 사회에서는 그 역할이 제한되어 있습니다. 회사에서 부장이나 임원을 했어도 어지간한 실력이 없는 한 회사 밖에서는 즉시 능력을 발휘하기 어려운 법입니다. 따라서, 진정한 능력과 행복한 인생을 위해서는 '자신이 할 수 있는 일'을 집약하고 심화해야 합니다.

지금 회사에 재직 중인 사람은 미리 앞날을 내다보고 나중에 전문가로 일을 의뢰받으려면 무엇이 필요할지 생각해 보세요.

누군가가 강점을 인정해 주었다는 것은 당신이 한 일에 대해 그의 마음이 움직였다는 뜻입니다. 그것을 힌트 삼아 전문성을 더 키우면 노력의 방향성도 보입니다.

작은 회사에서는 퇴직한 사람에게 '예전처럼 경리를 맡아 달라', '○○ 일은 계속 관리해 달라'고 부탁하는 경우가 종종 있습니다.

이전에 일했던 편집 회사에서는 60대 교정자에게 가끔 업무를 의뢰했는데, 그가 아무도 몰랐던 오류를 지적해 주었습니다. 게다가 그는 변호사 사무실에서 일한 적도 있어 법률을 잘 알아 계약 관련 업무도 맡고 있었습니다. 어쩌면 회사에 없어서는 안 되는 인재였죠.

회사를 그만둔 후에도 '이 사람한테 맡겨야겠다', '이 사람이 없으면 곤란하다'고 여겨질 정도로 꼭 필요한 사람이 되는 것은 가능합니다.

'전문성'이라고 하면 고도의 기술이나 심오한 지식을 떠올릴지 모르지만, 그리 거창하지 않습니다. 처음에는 어설퍼도 원하는 사람만 있으면 훌륭한 전문가로 성장할 수 있습니다. 회사에서 익힌 기술이 회사 밖에서도 통용되도록 만들어 갈 수 있는 것입니다.

'업무 의뢰를 유난히 많이 받는 사람'은 다음과 같은 세 가지 특징이 있습니다.

1) 전문성을 언어화할 수 있다

'회사에서 사무직으로 일했다', '관리직이었다'는 식의 막연한 경력은 전문직과 달리 어떤 특기를 내세우기가 어렵습니다. 그러므로 소개할 때 '○○을 잘하는 사람', '○○을 잘 아는 사람'이라고 한마디로 표현할 수 있어야 '그럼 이런 일도 할 수 있겠냐'고 제안받기가 쉽습니다.

2) 일에 즉시 착수하고 끝까지 해낸다

당연한 말 같지만, '지금 바빠서요'라고 부정적으로 대하거나 일을 맡아 놓고도 방치해 버리면 다음번 의뢰가 들어오지 않습니다. 상대가 요구할 때 바로 대응하고 끝까지 완수해야 신뢰가 쌓입니다. 중간중간에 진행 상황을 주제로 원활한 소통을 꾀하는 것도 중요합니다.

3) 다른 사람의 기대를 계속 초과한다

회사 안이든 밖이든 일을 맡았을 때 상대의 기대를 넘어 마음을 움직이면 꼭 다시 일을 맡길 것입니다. 조금 어려운 일에도 도전하여 기대를 뛰어넘어야 합니다. 이러한 반복으로 전문성을 인정하는 사람이 많아지면 여기저기서 의뢰가 들어오기 시작할 것입니다.

70대에 회사 대표로 고용되어 신규 프로젝트를 잇따라 맡고 있는 분이 이런 말을 했습니다.

"내 자신의 목표는 아니지만, 남들이 기대하고 기뻐하는 걸 엄청 좋아해. 그래서 반복하는 거야."

그는 고령에도 불구하고 자기 역할을 충분히 해냄으로써 주위는 물론 사회에서도 필요한 사람으로 인정받았습니다. 이처럼 여러분도 자기 이미지를 한번 그려 보면 어떨까요?

○ 남의 기대를 넘어서면 계속 일이 들어온다

기술이 없어도 인재가 될 수 있다

— 자신이 어떻게 다른지 항상 의식한다

거듭 밝히지만, 일을 하기 위해서는 '할 수 있다'는 것뿐만 아니라 '니즈(일을 요구하는 사람)'가 있어야 합니다. 니즈를 찾을 수만 있다면 평생 일거리는 끊이지 않습니다.

단지, 사람을 구하는 곳이나 일손이 부족한 곳에 가라는 말이 아닙니다. '당신이니까 부탁하고 싶어요'라는 존재가 되어야 일의 희소가치가 생겨서 보수나 재의뢰도 받을 수 있습니다. 비유하자면, 어디에나 있는 상점이 아니라 다른 곳에는 없고 여기에만 꼭 있어야 하는 상점을 한번 생각해 보는 것이 좋을 듯합니다.

대단한 경력이나 특별한 기술은 없어도 됩니다. 40~50대쯤 되면 경험·지식·인간관계 등 특성이 뚜렷해지기 마련이므로 존재 자체가 희소가치와 같습니다. 아무 생각 없이 남들과 같은 일을 하기보다 '나는 이 점이 다르다'는 의식이 있어야 합니다.

50대부터는 남과 다른 것이야말로 가치가 되는 거죠. 처음에는 평균보다 조금 더 잘하는 수준이라도 괜찮습니다. 뭔가 핵심적인 일을 하다 보면 추가하거나 심화할 부분이 점차 보일 테니까요.

블로그나 명함에 '부동산 투자로 조기 은퇴를 실현하는 재무 설계사', '먹거리로 사랑을 키우는 육아 컨설턴트' 같은 문구(둘 다 가상)를 넣어 관심을 끌려는 사람이 있는데, 니즈는 무리하게 의도적으로 만들 수 있는 것이 아닙니다. '하다 보니' 자연스럽게 부가 가치가 생기는 것이죠.

여기서는 '희소가치 있는 직업인의 네 가지 유형'을 소개하겠습니다. 앞으로 자기 일은 어떤 유형의 가치를 갖는지 생각해 보세요.

1) 강점을 곱한다

핵심이 되는 기술에, 남을 기쁘게 하는 옵션을 더해 가는 방법입니다.

제가 아는 한 여성은 대학에서 일본어 강사를 하면서 외국인 학생들에게 초밥 등 일본 요리를 가끔 가르쳤습니다.

그 평판이 좋아서 50대에 퇴직해 요리 교실을 열었습니다. 주로 외국인을 상대로 김초밥을 가르치는데 수강생이 많답니다. 인스타 인생 샷 요리라나 어쩐다나…. '영어×일식×외국인 인맥'으로 그 사람만이 할 수 있는 일이죠.

2) 아무도 하지 않는 일을 한다

니즈는 있지만 남이 안 하는 일을 하는 방법입니다.

저는 언제나 경쟁 상대가 없는 분야를 찾아다녔습니다. 프리랜서 촬영 기사가 되었을 때도 기존 업체에서는 취급하지 않는 흑백 필름 인물 사진을 주로 찍었습니다. 그러다 좋아하는 사람이 점점 많아져서 개인전도 열고 인테리어용 사진까지 제작하게 되었습니다.

3) 전문성을 부분적으로 심화한다

전문적인 일에 깊이를 더하는 방법입니다.

50대의 한 심리 상담사는 본인과 가족에게 발달 장애가 있다는 사실을 일부러 밝힌 후 상담 의뢰가 확 늘었다고 합니다. 발달 장애를 잘 알 뿐만 아니라 당사자로서도 직접 체험하고 있기 때문에 더 공감할 것이라는 기대가 생겼기 때문이겠죠.

4) 시대성을 의식한다

시대에 맞지 않는 오래된 것을 현대적인 형식으로 소개하여 가치를 높이는 방법입니다.

전통 의식주를 현대 생활에 도입하는 것도 여기에 해당합니다. 제 지인은 기모노를 현대식으로 부담 없이 입는 법을 가르치고 있답니다. 그렇게 전통을 재해석하여 이어가는 것도 50부터의 역할이라고 생각합니다.

'내가 할 수 있는 일'을 거듭하면 '나만 할 수 있는 일'이 됩니다. 무엇보다 '이것은 나만 할 수 있다'는 긍지를 갖고 더 활기차게 살 수 있습니다.

○ 강점·희소성·전문성·시대성으로 승부한다

나이 들수록 '인간적인 힘'이 생긴다
— 인간성은 현역을 지탱하는 강력한 무기!

　직업이 AI화·세계화·원격화하면서 중년과 노년의 일자리가 더 줄어들 전망입니다. 그래서 중년 이후에는 전문성을 살려 기존의 기술·지식·경험·인간관계 등을 활용하거나 원래 니즈가 있던 분야에서 자신이 할 수 있는 일을 찾는 편이 좋습니다.

　또 50세 이상의 사람들이 놓치기 쉬운 자산이 있습니다. 그것은 소통력·포용력·친절·지혜·경험 등 '인간적인 힘'입니다. 사회가 개인화하고 고령화할수록 '지켜보기', '다가서기', '경청하기', '조언하기', '가르치기', '지원하기' 등의 인간다운 역할은 가장 필요한 데도 불구하고 자리가 적기 때문에 그 힘을 발휘할 수 없습니다. 사회 구조를 보더라도 요양·의료·육아·생활·교육 등 인간성이 요구되는 일은 그만큼 수입이 낮습니다. 하지만 그런 일은 현장에서 일할 수 있는 보람이 따릅니다. '인간적인 힘'은 현역이 활약하도록 떠받치는 강력한 무기가 될 것입니다.

얼마 전 백화점에 예복을 사러 갔을 때 70대 여점원이 쇼핑을 도와주었습니다. 태도가 부드럽고 접대도 완벽했죠. 장례식의 절차와 상품에 관해서도 모르는 게 없었습니다. 고객 설문지에 '이분에게 다시 물건을 사고 싶다'고 감사 인사를 남길 정도였습니다. 나중에 들어 보니 전부터 유명한 직원인데, 부모와 자손 3대에 걸쳐 사러 오거나 일부러 멀리서 오는 손님도 적지 않답니다. 젊은 직원의 상담까지 도맡고 있다고 했습니다. 이처럼 연륜을 활용하는 '현역'의 길도 있습니다.

예전에 일했던 웨딩 회사에서도 젊은 직원이 아니라 50~60대의 직원을 지명하는 고객들이 있었습니다. 결혼식을 준비하려면 신랑 신부뿐만 아니라 부모도 결정할 것이 많으니까요. 실제로 60세로 입사한 한 직원은 업계 경력이 전혀 없는데도 추천을 많이 받아 몇 년 만에 부장이 되었습니다. 신랑 신부한테 어머니처럼, 양가 부모에게는 언니처럼 대한 덕분에 좋은 평가를 받았던 모양입니다.

제 주변에서 60대 이상의 나이에 현역으로 활약하는 사람들도 대부분 심리 상담사, 여관 지배인, 요양 시설 소장, 보육원 원장, 간병인 등입니다. 전부 '인간적인 힘'이 필요한 직업이죠.

이혼하고 50세에 클럽 마담이 된 한 여성은 80세인 지금도 고객들한테 "이 가게 말곤 갈 데가 없으니 90세까진 일해 달라."는 말을 듣는다고 합니다. 그녀는 "30년간 한 번도 일하러 가기 싫은 적이 없었습니다. 손님이 와 주시고 내 성격에도 맞아요."라고 흡족해합니다.

70대의 한 여성 도예가도 지금까지 보호 관찰관, 동창회 경리, 초등학교 특활 강사, 라디오 체조 도우미 등 다양한 일을 해 왔습니다. 그중에서도 인근 초등학생들을 매일 아침 학교까지 데려다주는 일은 손자가 졸업한 후에도 부탁을 받고 총 15년째 계속하고 있답니다. 그녀는 이렇게 고백했습니다.

"몸이 힘들 때는 여러 번 있었으나, 오늘은 가고 싶지 않다고 생각한 적은 한 번도 없었어요. 그런 날이 오면 바로 그만둬야겠죠."

비록 자원봉사이긴 하지만, 지역 주민들도 그녀를 존경하며 절대적으로 신뢰하기 때문에 많이 도와주고 있답니다. 직업이든 봉사든 한결같이 일한다는 것은 정말 대단합니다.

'누군가 기다리고 있다', '누군가 기대해 준다'는 사실은 그들을 강하게 만드는 보람이 됩니다.

○ 평생 현역으로 일하려면 기술과 인간성이 필요하다

기술을 늘리는 단 하나의 방법

— 시간을 투자하는 환경을 만들어라

인생 후반에 대비하기 위해 기술을 향상시키거나 공부를 시작하려는 사람이 많습니다. 그러나 40~50대에 새로운 뭔가를 익히기란 쉬운 일이 아닙니다.

예컨대 외국어 학습도 10~20대보다 두 배 이상 시간과 노력과 돈을 들여야 합니다. '몇 살이 되든 할 수 있다!'고 장담하기가 어렵습니다. 현실적으로 할 수 있는 일과 할 수 없는 일이 있기 때문이죠. 노력의 방향이나 방법이 잘못되면 헛수고로 끝나 버립니다.

일이든 공부든 노력의 방향이 맞는지 판별하는 기준이 있습니다.

하나는, '하면서 즐거운가, 몰두할 수 있는가'입니다. 그런 일이라면 계속해도 힘들지 않고 결과야 어떻든 그 자체로 의미가 있습니다. 알고 싶은 것에 대한 에너지가 저절로 솟고, 노력을 노력이라고 생각지도 않게 되는데, 그 열쇠는 바로 '호기심'입니다.

50부터는 '하면서 즐겁지 않은 일, 몰두할 수 없는 일'은 싹 포기하는 게 좋습니다. 마지못해 하면 잘 안 되니까요. 가끔 '노력은 배신하지 않는다'며 쓸데없는 자격증 준비나 어학 공부에 매달리는 사람이 있는데, 고통스럽게 노력해 봤자 시간만 낭비할 뿐입니다.

또 하나는, '남이 좋아할 일인가, 인정할 일인가'입니다. 남이 '도움되네', '대단하이', '역시' 등으로 평가해 주는 것은 자신의 강점이 됩니다. 즉 노력의 방향성이 틀리지 않았다는 말이죠.

50살 이후는 못하는 일을 남들만큼 하려고 노력할 때가 아닙니다. 잘하는 일을 한층 더 연마하거나 부가 가치를 높임으로써 '필요한 사람'이 되어야 합니다.

다음으로 노력의 '방법'을 살펴볼까요? 안타깝게도 많은 사람들이 예전의 저처럼 기술이나 지식을 익히기 위해서 헛된 노력을 해 왔습니다. 우리는 배우고 나서 실천하려고 하지만 정반대입니다. 실천하고 나서 배우는 거죠. 아웃풋이 먼저고 인풋은 나중이란 말씀! 그런 의미에서 회사는 정말 고마운 학습의 장소라 할 수 있습니다. 저도 회사에서 일을 통해 촬영 기술과 글쓰기를 익혔답니다.

회사에서는 아무것도 모르는 상황이어도 해야 하는 일이라면 필사적으로 하게 되니, 싫든 좋든 실력이 늘기 마련입니다. 상사의 평가와 질책이라는 피드백도 받죠. 그래서 말주변이 없던 사람도 영업직으로 뛰다 보면 사교적으로 변할 수 있습니다.

50이 넘어서 자기 힘으로 기술을 개발할 때도 마찬가지입니다. 공부를 시작하기 전에 '하지 않을 수 없는 환경'부터 먼저 만들어 놓아야 합니다. 그것이 가장 좋은, 아니 유일한 방법입니다.

예를 들어, 어학이라면 기초만 닦아 놓고 원어민 친구를 사귀거나 그 언어로 알고 싶은 정보의 책을 읽으세요. 그러면 실력이 반드시 향상되겠죠.

회사원이라면 지금의 기술이 밖에서 어느 정도 통용될지 테스트해 보세요. 처음에는 서비스 수준과 가격대부터 접근하면 됩니다. 차츰 경험이 쌓이며 부족한 점과 필요한 점을 알게 될 거예요. 그런 과정에서 자격증을 따면 시험공부도 피가 되고 살이 되어 노력 또한 헛되지 않을 것입니다.

재능은 '지속하는 능력'입니다. '재능(강점) = 능력×시간'

인 셈이죠. 그러므로 일단은 써먹을 기회를 만들어 필연적으로 시간을 들이는 구조를 만들어야 합니다. 그것이 기술(능력)을 발전시키는 단 하나의 길입니다.

○ 배우고 나서 실천하지 말고 실천하고 나서 배워라

제5장

50부터 꽃피는 사람의
인간관계와 생활

50부터는 '그냥 인간'으로 대하자

— 한 사람의 인간으로 동등하게!

50부터 인생을 풍요롭게 살려면 어떤 사람과 사귀느냐가 가장 중요합니다. 일도 생활도 놀이도 접촉하는 사람에게 영향을 받기 때문입니다.

예를 들어 '이런 사람과 연결되고 싶다', '저런 사람처럼 되고 싶다', '저 사람한테 인정받고 싶다', '이 사람과 일하고 싶다', '이 사람들에게 힘이 되고 싶다'는 식이죠.

하고 싶은 일을 한다 해도 나 홀로 완결할 수 있는 일은 거의 없습니다. 50살 이후에는 인간관계의 중요성을 더욱 절감할 것입니다.

저에게도 은인이 몇 분 계십니다. 그런 분들을 잘 만나서 지금 이 자리에 설 수 있었습니다.

제가 사람과의 관계를 소중히 여기는 까닭은, 인간은 혼자서는 아무것도 할 수 없고, 나는 '그냥 인간'일 뿐이라고 생각하기 때문입니다. 조금 잘했다고 자신을 특별하게 보면 거기서 끝입니다. 우연히 잘된 것은 누군가의 덕분이며, 앞으로도 어떻게든 살아가야겠다고 마음먹는다면 겸허해질 수밖에 없습니다.

'그냥 인간'은 '하찮은 인간'이란 뜻이 아닙니다. 직무나 직위, 상하 관계를 벗어나 '한 인간'으로서 남과 동등하게 이어져야 한다는 말입니다. 그래서 50부터는 어떤 사람과도 자유롭게 교류하는 재미가 있는 것입니다.

다양한 접촉을 통해 역할도 생겨납니다. 내가 뭔가를 할 수 있는 자리가 주어지는 것은 그것만으로 기쁘고 설레는 일입니다. 나 혼자서는 사고에 한계가 있습니다. 다른 사람들의 생각과 정보를 수시로 받아들여야 업데이트가 됩니다. 여태껏 없었던 아이디어를 창출하고 행동을 전개함으로써 가능성을 확대할 수 있습니다.

저는 나이·직업·처지를 가리지 않고 여러 사람의 이야기를 듣는 것을 좋아하는데, 특히 상상을 초월한 분들의 경험담은 흥미롭고 감동적입니다. 그 삶의 방식을 그대로 흉내 낼 수는 없어도 '이런 생각과 행동은 대단하다'고 인정하며 본보기로 삼을 때가 많습니다.

저의 부족한 부분을 채워 주는 것도 사람입니다. '그건 좀 이상해'라고 지적해 주는 사람, 제가 잘 못하는 일을 맡아 주는 사람, 제가 약해질 때 도와주는 사람…, 모두 고마울 따름입니다. 즉 주변 사람들이 저의 길을 열어 준다고 해도 과언이 아닙니다. 제가 동동거리며 애쓰지 않아도, 누군가 힘을 발휘할 수 있는 강점을 찾아 주고, 지원해 주며 돌봐 준다는 말입니다.

회사원으로 있으면 그 모든 것을 회사에서 제공해 주겠지만, 50세부터는 스스로 마련할 필요가 있습니다. 그것을 자각하고 사람과 연계하면서 주변을 소중히 여기는 사람과 그렇지 않은 사람은 인생의 충실도에 큰 차이가 생기지 않을까요?

제가 생각하는 50부터 꽃피는 사람의 인간관계 비결은 다음과 같습니다.

- 허세 부리거나 움츠러들지 않고 늘 자연스럽게!
- 소중한 사람에게 감사하며 실제로 소중히 여긴다.
- 작게 공헌하고 작게 의존한다.

무엇보다 기죽지 않고 무리하지 않으며 느긋하게 사귀는 것이 중요합니다.

돈이나 음식이 아닌 '인간관계'가 사람의 행복과 건강을 좌우한다는 연구 결과도 있습니다. 자신을 소중히 하면서 진정한 인간관계를 형성하려면 먼저 남부터 소중히 할 줄 알아야 합니다.

제5장에서는 50세 이후에 직업 생활을 지탱해 주는 인간 관계를 만드는 방법을 소개하겠습니다.

○ 좋은 인생은 좋은 인간관계에서 비롯된다

50부터 인간관계는 '공사 혼합'으로!

— '순수한 나'로서 관계를 형성하자

'공사 혼동'이라 하면 직권 남용, 횡령, 성희롱 등 지위를 이용한 부정적인 사건부터 떠오르겠지만, 여기에서 말하는 '공사 혼합'은 전혀 다릅니다.

50세 이후의 인간관계는 '사회적 자신'과 '개인적 자신'을 당연히 섞어서 함께 생각해야 업무와 인간관계의 질은 물론 삶의 질도 높아집니다.

앞서 나이에 상관없이 배움·일·놀이를 동시 진행해야 한다고 했습니다. 인간관계도 서로 영향을 주고받으며 발전합니다. 동호회 사람과 의기투합하여 새로운 일을 시작하거나 옛날 회사 동료와 오랜 친구가 될 수 있습니다. 가족이나 친구가 사업 아이디어를 주기도 합니다. 저도 40대에 다녔던 대만 대학원의 은사에게서 대학 강사나 정부 관광국 고문의 일을 소개받았답니다.

이처럼 인간관계는 공과 사를 분명히 나눌 수 없습니다. 특히 50세 이후 '그냥 인간', 즉 '개인'으로서 활동에 충실하려면 인간관계도 '순수한 나'로서 임해야 합니다. 그래야 마음 맞는 사람, 존경하는 사람, 응원하고 싶은 사람 등과 정말 필요한 관계가 자연스럽게 생기고 유지됩니다.

반대로 '회식도 업무니 참석해야 한다', '명함을 뿌리며 교류를 넓혀야 한다', '회사 직원들과 잘 지내야 한다'며 막 대시한다고 해서 그리 친한 사이가 되지는 않습니다. 맞지 않는 사람과는 예의만 지키는 정도로 지내면 됩니다.

'공사 혼합'의 인간관계에 뛰어난 사람들은 '넓고 얕은 관계'가 아니라 '좁지만 깊은 관계'를 맺습니다. 늘 사람을 소중히 여기며 '살짝 거들어 주는' 가벼운 공헌을 꺼리지 않죠. 그러다 새로운 기회를 잡기도 하고요.

광고대행사를 경영하는 60대 친구는 고등학교 동창회장입니다. 그는 재학생 체육 대회, 동아리 지원 행사 등에 빠짐없이 얼굴을 내밀며 본업보다 더 열성적이었죠. 동아리 행사 때도 '티셔츠와 수건 같은 응원용품이 있으면 신나겠다'며 자기 회사에서 만들었는데 반응이 아주 좋았습니다. '역시 광고대행사인 만큼 디자인이 참신하다!'고 여기저기

동아리 학생의 부모들로부터 주문이 온 것입니다. SNS에도 소개하자 전국 각지의 학교에서 주문이 쇄도해 회사가 무척 바빠졌다고 합니다.

여러분 주변에도 '살짝 거들어 줄 일'이 있지 않나요? 그 일이 꼭 사업으로 이어지지 않아도 괜찮습니다. 함께 즐기고 정보와 자극을 주고받으며 서로를 치유하다 보면, 일과 생활에 선순환이 일어날 테니까요.

다만 '공사 혼합'에서 주의할 점은 아무리 소중한 사람이나 동료라고 해도 무리하지는 말라는 것입니다. 가령 직장에서도 원래 다른 사람에게 부탁했어야 하는 일을 '이 사람한테 신세를 졌다'며 마지못해 의뢰하거나 '저 사람이 힘들어 보인다'며 엄청 싼 가격으로 일을 떠맡으면 결국 마찰이 생깁니다.

소중한 관계일수록 계산을 더욱 확실히 해야 합니다. 상대도 여러분을 소중히 여긴다면 무리하지 않아도 관계가 이어질 테니까요.

코로나의 영향으로 기업에서도 '일과 생활의 균형(Work-Life Balance)'이 아닌 '일과 생활의 통합(Work-Life Integration)'이라는 사고방식을 도입하고 있습니다. 일과 생활을 대립

시켜 노동 시간을 규제하기보다 일과 생활을 무리 없이 합쳐서 시간과 장소를 유연하게 조정하자는 것입니다. 요즘은 회사에 아이를 데려오도록 허락하거나 점심을 다 함께 만들어 먹는 기업도 등장했습니다.

어쩌면 우리는 자본주의의 효율화 속에서 인간관계마저 기계처럼 너무 맞춘 것 같습니다. 자기 인생을 되찾기 위해 잠시 멈춰 서서 개인적인 활동에도 눈을 돌리고, 인간관계에 대해서도 생각해 보면 어떨까요?

○ 가까운 공동체에서 '살짝 거들어 줄 일'을 해 보자

아랫세대와 잘 지내자

— 젊은이들이 인정해 주기를 바라지 말라

40~50대만 되어도 '젊은 사람들을 어떻게 대해야 할지
모르겠다'고 푸념을 자주 늘어놓습니다.

예컨대 '최신 정보나 IT계에 약해서 무식한 사람 취급을
당한다', '젊은이들이 인사도 안 하고 똘똘 뭉치니 왕따가
된 기분이다', '존경받기는커녕 깔보는 소리만 듣는다', '옛
날 사람, 끝난 사람으로 낙인이 찍힌다'는 식입니다.

어느 시대든 세대 차이는 있습니다. 하지만 지금은 선배
가 충고해도 후배들은 쓸데없는 간섭이라며 반발하니, 상하
관계가 싸늘해져 버립니다. 연상을 공경해야 한다는 문화,
나이와 상관없이 결과가 전부라는 성과주의, 사회 구조의
변화 등이 복잡하게 얽혀 왜곡된 상하 관계를 빚어냅니다.
그러나 자신의 주변만이라도 서로 마음을 열고 기분 좋게
지낼 방법은 있습니다.

우선, 연하의 동료를 대할 때 무리하지 않는 것이 중요합니다. 맞장구치든 허세 부리든 피곤하므로 자연스럽게 대합시다. 그렇다고 '젊은이들이 우리한테 맞추라'는 것도 오만한 생각입니다. 그보다는 '차가운 상하관계'가 아닌 '따뜻하고 대등한 관계'를 지향하면 어떨까요?

'인사를 안 한다', '존경해 주지 않는다'고 불평하는 것은 '연하부터 인사해야 한다', '연상을 존경해야 한다'고 의식하기 때문이죠. 나이를 너무 신경 쓰니까 상대도 부담이 될 테고요. 어쨌든 조금 더 오래 산 '그냥 인간'이면 됩니다. 자기 자식뻘이라도 일을 잘하면 인정해야죠. 장단이 맞는 사람과는 잡담도 즐기며 모르는 것은 배웁시다.

70~80대에도 젊은 사람들과 잘 지내는 사람은 그렇게 하고 있답니다. 어깨에 힘을 빼고 있으니 누구나 안심하고 품에 안길 수 있는 것입니다. 나이를 의식하지 않아야 젊은 이들과의 자리에 익숙해져서 '끝난 사람'이 아니라 '의지할 사람'이 될 수 있습니다.

요즘은 상사가 연하인 경우도 많지요. 그가 나이를 신경 쓴다면 '뭐든지 말해 줘'라고 분위기를 만들어 줍시다. 인정해 달라고 상대에게 기대할수록 마음의 그릇은 작아집니다. 이쪽에서 먼저 인정해 주며 어른의 도량을 발휘해야겠죠.

비록 모든 사람과 친해지지는 못해도 차갑게 식은 마음은 점점 풀릴 것입니다.

여기에 '연하의 동료와 마음을 터놓고 지내는 요령' 다섯 가지를 소개하겠습니다.

1) 대화에 이름을 넣는다

마음에 거리가 있을 때는 무심코 이름을 생략하기 쉽습니다. "○○ 씨, 안녕하세요.", "오늘은 ○○ 씨, 일찍 출근했네요."라고 이름을 불러 주면, 마음을 열고서 소중히 여기는 뜻이 상대에게 전해집니다.

2) 작은 것이라도 배운다

"IT를 잘 아니까 가르쳐 줄래?", "이 사람 유명해?", "이 기획, 어떻게 생각해?" 등 사소한 것이라도 물어보면 되레 기쁘죠. 부탁하는 것은 "고마워!"라고 상대를 인정하기 위한 마중물이기도 합니다.

3) 조금이라도 공통점을 찾는다

'같은 야구팀 팬이고, 같은 가게의 단골이다', '같은 TV

프로그램을 좋아한다', '고향이 같고 취미도 같다'는 이유로 훨씬 가까워지는 경우도 많습니다. 공통점이 있으면 대화의 물꼬가 트여 정보도 교환할 수 있겠죠.

4) 상대를 관찰하여 소소히 칭찬한다

앙금이 있을 때는 상대가 잘 보이지 않는 법! 제대로 눈을 뜨고 좋은 점을 찾아서, '멋쟁이다', '일이 빠르다', '글씨를 잘 쓴다' 등 작은 것도 얼른 칭찬합시다.

5) 살짝 자기 고백을 한다

후배에게 약점을 들키기 싫다고요? 그래도 '회의 내용을 모르겠더라', '전에 실패해 버렸다'는 식으로 속마음이나 실패담도 털어놓고 나서, "○○ 씨는 어때?"라며 상대의 동조를 구하면, 시나브로 이해가 깊어집니다. 기분 좋게 이야기할 수 있는 관계가 되면, 젊은 사람들은 최고 지지자가 될 것입니다.

○ 연상이든 연하든 무리하지 말고 그냥 인간으로 대하자

인간관계는 줏대 있게 선택하자

— 50대부터는 스스로 인간관계를 선택하라

50살이 넘으면 공적이든 사적이든 인간관계가 한정되어 있는 사람이 많지 않을까요? '새로운 인간관계를 만들기가 귀찮고 어렵다', '동창생들도 생활 환경과 가치관이 달라서 말이 통하지 않는다', '일도 육아도 졸업했는데 누구에게도 말을 못 붙이겠다' 등 교우 관계가 확대되기보다 축소되는 사람이 압도적으로 많습니다.

20~40대에는 일·결혼·육아·주거 등 인생 단계마다 환경이 달라지면서 인간관계도 변하지만, 50대부터는 인간관계를 스스로 선택해야 합니다. 그렇다 보니 '친구 따위는 필요 없다'고 단언하는 사람도 있고, '많은 사람과 교류하고 싶다', '고민을 나눌 사람이 몇 명 있으면 좋겠다'고 호소하는 사람도 있습니다. 정답은 없으니 본인이 만족하는 인간관계를 가꾸면 되겠죠.

다만 '새로운 인간관계를 만들기 귀찮다'고 하는 것은, 지금까지 직장인이나 학부모 등 상대에게 맞추는 관계가 대부분이라, 원래 자신의 모습으로 관계를 맺는 데 익숙하지 않은 것일지도 모릅니다.

맞는 사람과는 만나고, 맞지 않는 사람은 만나지 않으면 됩니다. 나는 '어떻게 살고 싶은가', '어떤 사람과 어떻게 어울리고 싶은가' 하는 자기 기준만 있으면 신기하게도 그 기준에 맞는 사람이 좋은 순간에 나타날 것입니다.

저는 만남이 많은 편인데도 그중 계속 만나는 사람은 극소수에 불과합니다. 한 번 보고 끝나는 관계에도 의미는 있겠지만 말입니다.

처음 만날 때는 일이나 친구 관계로 엮으려고 애쓰기보다 그냥 '어떤 사람일까' 하고 지켜보는 느낌으로 만나면 마음이 편합니다. 글쟁이의 성품도 있지만, 본디 사람에게 관심이 있어서 '아, 그런 견해도 있구나', '이런 곳 멋지네'라고 생각하면서 남 이야기를 듣는 것이 무척 재밌습니다. 단 상대의 시선은 되도록 신경 쓰지 않으려고 노력합니다. 물론 좋게 봐주면 더할 나위 없지만, 상대의 기분은 상대의 문제니까요. '최소한 실례되는 일은 하지 말자'는 정도로 그

자리를 함께 즐기려고 하죠. 관계가 이어지든 그렇지 않든 모든 만남이 저의 세계를 넓혀 준답니다.

요전날에 만난 70대 후반의 여성 경영자에게 이런 말을 들었습니다.

"코로나의 영향으로 직장이나 집을 잃은 20대 여성들이 있었어요. 덕분에 3개월 동안 50살이나 차이 나는 여자 다섯 명과 같이 살았죠. 내겐 정말 혁명입디다! '요즘 20대 여성들은 이렇게 생각하는구나' 하고 매일 놀라기 바빴는데, 굉장히 공부가 됐어요."

그분의 젊은 외모와 힘찬 활약도 그런 유연성에서 비롯되는 듯했습니다.

나이나 가치관이 비슷한 사람을 만나면 편하기는 하죠. 그러나 나이 차이가 많은 연상과 연하, 가치관이 전혀 다른 사람 등은 어울리기가 쉽지 않은 만큼 더 강한 자극을 받게 됩니다. 무엇보다 그 신선한 만남은 즐겁고 생생합니다.

사람을 만나는 장소는 업종 모임, 동호회, 배움터, 자원봉사, 지역 활동, 오프라인 미팅, 단골 가게 등 다양합니다. 다만 새로운 인간관계를 만들 때는 '잠깐 시험해 본다'고 하는 느긋한 자세가 좋습니다. 좋은 관계로 이어지면 다행이고, 잘 맞지 않더라도 목적이 있는 경우에는 거리를 갖고 대하면 되니까요.

회사나 가족 외에도 계약이나 규칙에 얽매이지 않은 관계가 생기면 그것을 유지하기 위해 다소 긴장하게 되므로 소통 능력도 향상될 것입니다.

최근에는 SNS로 모임을 만드는 사람도 늘었습니다. 자신과 취향이 같거나 목적이 비슷한 사람은 마음이 잘 맞기 마련이지요. 인간관계가 좁아지면 마음과 사고방식이 경직되어 일에도 영향을 미치니, 되도록 빠른 시일 내에 가벼운 마음으로 관계를 개선해 나갑시다.

○ 새로운 만남을 통해 마음의 유연성을 키우자

주고받는 관계에서 교환 경제가 생긴다
— 나이·입장·국경을 넘어 사람과 연결된다

왠지 사람이 모이고, 일이나 인연이 끊임없이 이어지는 사람들은 누군가 힘들다는 이야기를 들으면 '내가 돕겠다', '이 정보가 도움이 될지도 모르겠군', '좋은 사람이 있으니 소개할까?'라며 자신이 할 수 있는 일을 찾아서 도와주려 합니다.

반면 일이나 인연이 잘 이어지지 않는 사람은 그런 이야기를 들어도 무심하게 지나쳐 버립니다. 뭔가 주는 것 자체를 꺼릴 수도 있습니다. 아무리 나이를 먹어도 '사귀면 이득이 될지 안 될지'부터 확인한 후에 사귀려고 하는 사람도 있죠. 그러면 점점 외로워질 것입니다.

50부터는 한 개인으로서 '주는 것'과 '공헌하는 것'으로 관계가 맺어지기 시작합니다. 지혜와 경험을 쌓아 온 만큼 자신이 도울 수 있는 기회는 아주 많습니다. 적극적으로 나누다 보면 나이·입장·국경을 넘어 사람과 연결됩니다. 특히 이야기 듣기, 지켜보기, 가르치기, 사람과 사람을 연결하기 등 인간적인 힘이 필요한 일은 젊은 세대나 AI보다 훨씬 잘 하겠죠.

다만 중요한 점은 상대가 기뻐하느냐의 여부입니다. 반기지 않으면 그저 강요나 간섭이 되니까요. 그러므로 상대가 요구하는 일 중에서 자신이 할 수 있는 일을 찾아야 합니다. 그래야 일뿐만 아니라 따뜻한 관계나 마음의 충족 등 다양한 혜택이 눈덩이처럼 커집니다.

예전에 제가 노인들만 남은 농촌에서 살 때는 불편했습니다. 그만큼 70~80대의 이웃들에게 도움을 많이 받았죠. "버스 정류장에 바래다줄게.", "풀베기할까?", "장아찌 담갔는데, 있어?", "죽순 삶는 법 배워 볼래?"라는 식으로.

고맙게 도움을 받으면 다음에 또 뭔가 가져다줍니다. 혹 사양하면 더는 강요하지 않습니다. 무리하게 맞추려고 하지 않는 것이 중요합니다. 서로 다르기 때문에 도움이 되는 것이죠.

저도 보답하고 싶어서 젊은 사람들을 모아 주민들에게 향토 요리를 대접하는 행사를 개최하기도 했습니다. 그러나 농촌에서 제가 할 수 있는 일은 별로 없었죠. 늘 받기만

하여 죄송했는데, 도리어 어르신들은 "기쁘게 받아 주니까 좋구먼!" 하고 따뜻이 대해 주셨어요. 남을 위해 노력하는 사람들 속에 있으면 정말 든든합니다.

또, 서로 주는 것으로 작은 '교환 경제'가 생깁니다. 그야말로 인생 후반에 실현해야 할 지속 가능한 최첨단 시스템이죠. 농촌에서 물물교환하듯 친근한 커뮤니티에서 서로 할 수 있는 일, 상대가 기뻐할 일을 제공할 수 있으면 돈 이상의 가치를 누리게 됩니다. 일이나 취미 등 하고 싶은 일을 지원받는 것은 물론, 일상생활에서 일손이 모자라거나 몸이 아파서 곤경에 빠졌을 때도 안심할 수 있기 때문입니다. 특히 정보 사회에서는 자신이 모르는 정보를 가르쳐 줄 사람도 꼭 필요합니다.

사람들과 연결되거나 커뮤니티에 소속됨으로써 돈으로 사는 부분을 크게 메울 수 있습니다. 저도 필요 없는 옷이나 가방을 친구의 자선 상점에 가져다주고 새로운 물건을 받아오게 된 후로는 옷에 별로 돈을 쓰지 않습니다.

요즘은 개인 업무 사이트도 늘었습니다. 이웃의 가사와 육아를 돕거나 짐을 나르고 정리해 줍니다. 그뿐만 아니라 인터넷을 통해 먼 데 사는 사람의 이야기를 듣고 상담해 주거나 해외에 사는 사람과 일본어로 대화를 나누는 것도 전부 사업이 되는 시대입니다.

아주 옛날에 산골 사람이 '어떻게 하면 이 채소를 좋은 물고기와 교환할까?'라고 궁리했던 것처럼 자신이 제공하는 물건과 서비스의 가치를 높이려는 사람은 씩씩하게 살아남지 않을까요?

50부터는 '좋아하는 사람'이 되는 것이 가장 혜택을 받는 길입니다.

○ 당신을 원하는 사람은 세상 어딘가에 있다

큰 공동체의 일원임을 의식하자

— 시야를 넓히면 할 수 있는 일이 보인다

50세 이후 인간관계를 생각할 때는 조직을 떠나는 것도 감안하기 마련입니다. 그래서 지역 커뮤니티, 취미 동아리, 친척 등 작은 공동체로 눈을 돌리기도 하나, 동시에 더 큰 공동체에 자신이 속해 있다는 사실을 의식했으면 합니다.

큰 공동체란 사회·국가·세계·자연계·우주입니다. 이 시대에 50~60대에 조직을 떠나 '개인'으로 일하고 '자기 우선'으로 일하는 의미도, 넓은 시야로 전망하고 생각하며 뭔가 힘을 쏟는 데 있습니다.

자신이 큰 사회의 일원임을 고려하면, 일도 인간관계도 다른 시선으로 보입니다.

예를 들어, 식품 회사에서 일했던 사람은, '이제 누구나 안심하고 먹을 수 있는 음식을 만들자'고 다짐하여, 현지 농가의 사람들과 연결될지도 모릅니다. 의류 회사에서 일했던 사람은 '해외의 빈곤 지역을 지원하자'고 NPO 사람들과 협력하여 옷을 만들 수도 있겠죠.

우리 주변에는 고립, 빈곤, 고령화, 몸과 마음의 병, 자연, 교육, 환경 등 문제가 여러 가지이므로 개인도 할 수 있는 일이 있을 것입니다. '음악으로 마음을 치유하고 싶다', '문학의 재미를 전하고 싶다', '아이들이 자연을 체험하게 해주고 싶다'고 하는 것도 사회적 의의는 충분합니다. 같은 문제의식을 가진 사람이 바로 동지가 됩니다.

요리 연구가인 친구는 자기 집에서 요리와 함께 생활을 편하고 즐겁게 하는 방법을 가르치고 있답니다. 그런데 그 진짜 목적은 '사람들에게 대화의 장을 제공하는 것'이라고 합니다. 가정과 직장 외에도 이야기할 곳이 있으면 고민을 나눌 수 있으니 정신 건강에 좋다는 것입니다. 그녀의 남편과 친척, 동네 사람들까지 어울려 즐기면서 다양한 기획을 진행하고 있습니다.

일하는 것의 본질은 '타자 공헌'에 있습니다. 50부터 일에서도 활약하고 인간적으로 성장하는 사람들은, '사회의 일원'이란 의식이 강합니다. 그러나 '자녀나 손주에게 공헌하면 된다', '부모님을 간병하느라 사회적 공헌 따위는 할 수 없다'고 하는 사람도 있습니다. 그것도 하나의 훌륭한 일입니다. 누군가를 행복하게 하니까요.

다만 시야를 조금 넓혀야 마음의 여유도 생기고 뭔가 할 수 있는 일이 보이지 않을까요? 가족의 중요성이나 간병의 문제 및 해결 방법을 블로그나 SNS로 공유하면, 도움받는 사람도 반드시 생길 것입니다.

사람들은 인생의 의미를 찾고 싶어 합니다. 되도록 자기 목숨을 가치 있는 것으로 생각하고, 사람과 연결되어 서로 돕거나 서로 인정하며 살려고 하는데, 이것은 '타자 공헌' 속에서 실현될 수 있습니다.

예전에 '세계에서 제일 가난한 대통령'으로 불린 우루과 이의 호세 무히카(José Mujica) 대통령의 아내 루시아 토폴란 스키(Lucía Topolansky) 씨를 취재한 적이 있습니다. 그녀는 중학생 때부터 빈곤 격차에 의문을 품고 정치 활동을 하다 가 정치범으로 장기간 투옥된 후 가장 인기 있는 상원의원 이 되었습니다.

인터뷰에서 다음 세 가지 말이 인상 깊었습니다.

"삶의 의미를 찾아라.", "사랑이 있는 일에 시간을 써라." "살고 싶은 대로 살아라. 그리고 이 세상에 뭔가를 남겨라."

특히 마지막 말은 자꾸 떠올라서 가슴이 쫙 펴지는 느낌입니다. 루시아 씨는 이렇게 덧붙였습니다.

"우리는 이곳을 스치듯 살고 있을 뿐이죠. 그래도 당신의 생을 알아줄 사람은 있을 겁니다. 이 세상에서 떠날 때 재산이 무슨 의미가 있어요? 하지만 세상의 누군가를 위해 뭔가를 했다는 건 두고 갈 수 있답니다. 다른 사람이 다음 세대에 살기 위해 말이죠."

지금 우리의 편리하고 평화로운 생활은 모두 누군가가 남겨 준 것들로 이루어져 있습니다. 시간·공간을 넘어서 누군가를 위해 자신의 생명을 바치고 싶은 것은, 인간의 본능적인 욕구가 아닐까요?

○ 다음 세대에게 무엇을 남겨 줄지 생각하라

50부터는 성공도 실패도 없다

— 하고 싶은 일을 즐기는 자가 승리한다

우리의 인생 전반은 경쟁과 비교로 치열했습니다. '좋은 대학을 나와 좋은 회사에 들어가면 성공한 사람', '돈을 많이 번 사람이 승자', '결혼해서 아이를 낳고 자기 집을 마련해야 어엿한 성인'이란 세평이 아직도 많습니다.

하지만 인생 후반에는 그런 것은 아무래도 좋아요. 하고 싶은 일을 하며 하루하루를 활기차게 즐기는 사람이 가장 행복하고 충실하며 멋있습니다. 이를 위해 제가 앞서 '노는 것처럼 살자'고 말했죠.

세상에 공헌할 수 있는 활동을 찾아서 그 자체를 즐기고, 동시에 그 외의 활동도 즐기는 것이 중요합니다. 일은 인생에서 큰 비중을 차지하고 오래 계속하기 때문에 한편으로 쉬거나 배우거나 다른 활동을 하는 시간도 필요합니다.

해외에 사는 친구들이 가끔 '안식년 휴가'를 언급합니다.

10년간 근속하면 몇 개월에서 1년까지 유급 휴가를 준다는 것이죠. 그렇게 오래 쉬면 여행, 단기 유학, 단기 이주, 자원봉사, 직업 체험 등 지금껏 엄두도 못 냈던 일에 도전할 수 있으니, 시야가 넓어지고 사고가 유연해진답니다. 당연히 새로운 발상으로 공헌할 수 있는 일도 많아지겠죠.

일본의 어떤 사장도 자기 회사에서 오래 일한 직원부터 한 달씩 안식 휴가를 보내 준다고 했습니다. 남은 사람들이 휴가 간 사람의 직무를 대신 수행함으로써 성장하는 것도 장점이라고 합니다.

저는 50세부터는 일을 계속하면서 주체적으로 안식 휴가를 내는 것을 추천합니다. 장기 휴가를 유연하게 낼 수 있는 환경을 스스로 만들어 가야 좋겠죠. 장기 휴가가 어려우면 다른 활동을 병행하는 것도 괜찮습니다.

저는 좀 배워 보고 싶어서 대만의 대학원에 유학할 때는 집필 속도를 줄이고 학업에 전념했습니다. 그러나 결과적으로 그 3년 동안 다른 시기보다 일을 더 많이 했어요. 배우다 보니 아웃풋하고 싶은 경우도 물론 있었지만, 건강한 사람들과 어울리다가 의욕이 강해졌다고 할까요? 대학원에는 젊은이부터 70대까지 다양한 나라의 사람들이 있었죠.

함께 배우고 토론하며 사적인 고민을 나누다 보니, 그들을 닮아 가게 된 것입니다.

특히 직장인 엄마들이 풀타임으로 일하고 가사와 육아도 하면서 유급 휴가 기간에 대학원을 다니며 보고서와 논문을 써내는 열정에 압도되었습니다. 젊은 학생들이 물건을 팔거나 포장마차를 열거나 뭔가를 가르치면서 부담 없이 재미있게 돈을 버는 모습도 잊을 수가 없군요. '하고 싶은 일은 꼭 이루어진다'는 느낌이 들었습니다.

저는 지금 이주민이 많은 지방에 살고 있습니다. I턴·U턴 하는 사람은 50대 이상이 많죠. 평소에는 도시에서 일하고 매년 몇 달씩 지방에서 한가로이 사는 사람, 잠시 쉬었다가 그림 교실을 시작하려는 사람, 2년 후에 민박을 운영하려고 준비 중인 사람, 코로나 사태로 원격 근무가 확대되면서 이사 온 사람 등 유형도 참 다양합니다.

그들은 일을 그만둔 게 아니라 잠시 휴식을 취하거나 일의 방식을 조금 바꿨을 뿐입니다. 하고 싶은 일을 계속하고 있으니, 모두 즐겁고 활기차 보입니다. 노후의 3대 고민인 건강·돈·고독 문제도 대번에 해결된 셈이죠.

물론 한때 백수가 되거나 집안 사정으로 내려온 사람도

있을 거예요. 그것도 인생 드라마를 물들이는 한 장면이죠. 50부터는 성공도 실패도 없습니다. 그때그때 맞추어 여러 가지 일들을 즐기고 음미하면 됩니다.

일하는 연수가 길어졌습니다. 서두르지 말고, 가끔은 딴 짓도 하고, 다른 방향으로 갔다가 한눈도 팔고, 굳이 먼 길로 돌아가기도 하면서 찬찬히 나아갑시다.

○ 설레는 일에 시간을 아낌없이 투자하자

1년 단위로 새로운 일을 하자
— 가까운 목표부터 하나씩 완수하라

하고 싶은 일, 가고 싶은 여행, 한번 해 보고 싶은 취미·놀이·배움, 참여하고 싶은 이벤트, 미리 해 두고 싶은 효도, 가족과 함께 시간 보내기 등을 1년 단위로 꾸준히 실천해 나가면 어떨까요?

앞일을 너무 세세히 정하지 말고 '일단 1년은 이걸 하자', '1년 동안 이것만은 달성하자'는 가까운 목표부터 하나씩 성취해 나가는 거죠. '앞으로 1년밖에 인생이 남지 않았다'는 생각으로 살아도 좋습니다. 그다음 해에는 기존의 일을 연장하거나 약간 변형해도 됩니다. 아니면 전부터 하고 싶었던 다른 일을 시도해도 괜찮아요.

어쨌든 지금 하고 싶은 일은 지금 바로 해야 합니다. 나중에 하자고 미루면 대개는 영영 못 하게 되니까요. 게다가 모든 것은 항상 변하고 말잖아요.

'내 길'은 처음부터 있는 것이 아니라 그때그때 기분이나 감각에 솔직하게 선택하면 결과적으로 생기는 것입니다.

하다 보면 '다음엔 이걸 하고 싶다', '더 심화하고 싶다', '조금 바꿔 보자'는 생각도 들고, 주위에서 '이 일 해 볼래?' 라고 권해 준 덕분에 갑자기 큰 기회가 오기도 하죠.

변화가 심한 시대라 지금 필요한 것이 몇 년 후에는 필요 없게 될 수도 있습니다. 본인이나 가족이 아프거나 가세가 기울어서 '설마, 이렇게 될 줄은 몰랐다'고 하는 일도 자주 일어납니다.

많은 사람들이 '노후에는 돈에 쪼들리기 싫다'며 미래를 위해 현재를 희생합니다. '정년까지 일해야 남은 생이 평안하다'는 과거의 가치관도 한몫했겠죠.

하지만 미래를 위해 시간을 쓰는 것은 최소화하고, 지금을 정신없이 살며 즐기는 데 전념하는 것이 가장 실행력이 높아요. '계획대로'가 아니라 '되는 대로' 살아야 최선의 선택으로 최고의 자신도 될 수 있습니다. 일도 수입도 따라온 답니다. 크게 다치지 않도록 조심만 한다면, 나머지는 뭘 하든 좋지 않을까요?

저는 여태껏 1~2년마다 거처를 옮기면서 살아왔습니다.

해외·도심·시골 등을 오가다 보니 장소와 인간관계가 바뀌면서 새로운 일거리도 생겼어요. 일해서 번 돈의 대부분은 이사와 공부를 위해 썼지만 후회는 없습니다. 더 좋은 일을 하려고 돈을 쓸 때야말로 저도 주변도 가장 기뻐하지 않을까 하는 생각이 듭니다. 일도 '지금은 이것을 하자'는 감각이 시대와 환경에 잘 맞아서 '되는 대로' 오래 계속하는 것 같습니다.

내일 삶이 끝나더라도 오늘 하고 싶은 일을 담담히 할 수 있다면 행복한 인생이겠죠. 이것저것 충분히 겪어 본 뒤 마지막 순간에 '아, 즐거웠다!'고 회상할 수 있도록 지금을 열심히 살고 싶습니다.

물론 인생은 계속됩니다. 1년에 완결되지 않을 수도 있습니다. 그러므로 1년 단위로 살아가는 동시에 10년 후에 어떤 사람이 되고 싶은지도 그려 봐야 합니다.

'저렇게 일하고 싶다', '저 사람처럼 살고 싶다'고 항목별로 본보기를 찾으면 구체적으로 이미지가 떠오를 것입니다. 그것은 얼마든지 변경 가능합니다. 하지만 최소한 언젠가 도달하고 싶은 미래상을 모르면, 1년 단위의 목표도 갈팡질팡 흔들리게 됩니다.

10년 단위로도 생각할 줄 알아야 보다 큰 과제에 도전할 수 있습니다. 1년 단위의 가까운 관점과 10년을 전망하는 먼 관점을 겸비하고서 목표를 하나씩 실행해 갑시다.

　　○ '되는대로' 파도를 타면 자기 힘보다 더 나아갈 수 있다

제6장

50부터 꽃피는 사람과
시드는 사람의 습관 Ⅱ

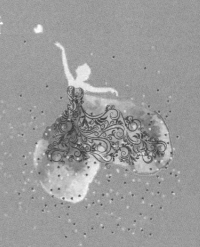

'이 나이에'가 입버릇인 사람
나이를 핑계 삼지 않는 사람

나이가 들수록 '이 나이에'라는 말을 면죄부처럼 쓰는 사람이 많아집니다. '이 나이에 재취업은 힘들다', '이 나이에 화려한 옷은 못 입겠다', '이 나이에 젊은 사람들을 어떻게 따라가냐'는 식으로 이래저래 나이를 핑계로 삼습니다. '나는 어쩔 수 없다'고 주변에 변명할 뿐만 아니라 자신도 납득시키려 하는 것이죠.

하지만 재취업하지 못하는 것, 화려한 옷을 못 입는 것, 젊은이들을 따라잡지 못하는 것은 나이 탓만이 아닙니다. 나이가 많은데도 재취업하는 사람, 화려한 옷을 소화하는 사람, 젊은이들 속으로 들어가서 서로 가르치고 협력하며 함께 즐기는 사람이 얼마든지 있으니까요. 그들은 나이를 별로 신경 쓰지 않습니다. 그때그때 자신이 하고 싶은 일, 할 수 있는 일을 할 뿐이랍니다.

나이를 먹으면 당연히 쇠약해지기 마련입니다. 그렇지만 그것을 보완할 만한 능력도 생깁니다. 사람을 받아들이고 사귀는 능력, 현실을 인정하고 대처하는 능력, 스스로 궁리하여 창안하는 능력 등 그 지혜와 경험으로 여태껏 아무도 하지 못한 일을 해내기도 합니다.

'이 나이에'가 입버릇인 사람과 나이를 핑계 삼지 않는 사람의 차이는 시간이 갈수록 크게 벌어집니다. 나이로 자꾸 변명하다 보면 행동 범위와 인간관계가 좁아지고 외모까지 늙수그레해집니다. 한편 나이를 핑계 삼지 않는 사람은 생기 있게 활약의 장을 넓혀 갑니다.

나이가 드는 것은 자연스러운 일이지만, 나이를 핑계로 포기하는 것은 슬프고 안타까운 일입니다. 지금 당장 '이 나이에'를 금지어로 선언합시다.

○ 살아 있으니까 나이 먹는 기쁨과 슬픔도 느끼는 것이다

자기 약점을 숨기려는 사람
자기 약점을 드러내는 사람

일하다 실수했을 때 변명부터 하는 사람이 있습니다. 특히 나이 많은 완고한 사람일수록 그런 성향이 강합니다. 심지어 실수를 지적당하면 잘못을 고치기는커녕 '이 정도면 됐네!'라고 화내는 사람도 있고, 반대로 '난 이제 글렀나?'라며 잔뜩 움츠러드는 사람도 있습니다.

그들은 약점을 들켜서 열등한 사람으로 비칠까 봐 두려워하죠. '이 나이에 실수하면 안 된다', '틈을 보이면 발목 잡힐 것이다'고 생각하는지도 모릅니다. 잘 보이고 싶어서 전전긍긍하는 마음은 이해됩니다. 그러나 결국 '자존심만 세고 실력은 따르지 않는 사람', '꼴사나운 핑계만 대는 귀찮은 사람'으로 낙인찍히기 십상입니다.

한편 연하에게 실수를 지적당해도 "어, 틀렸네. 미안하이. 제대로 수정해 놓을게."라며 깨끗이 인정하고 사과하는 사람은 어른다운 여유가 느껴집니다. 시원하고 자연스러운 인상을 주죠.

그들은 약점을 보이더라도 자신의 가치와 평가가 손상되지 않는다는 사실을 무의식적으로 압니다. 오히려 약점을 보일수록 주위 사람들이 '나도 실수할 때가 있으니 피장파장'이라며 안심합니다. 서툰 점을 고백하면 도움을 받게 되고, 실패담이나 쓰라린 추억을 털어놓으면 친근하게 다가옵니다. 무엇보다 스스로 편해져서 긴장을 풀고 사람을 대할 수 있게 됩니다. 약점이라는 '틈'으로 사람이 들어오는 계기가 되는 셈입니다.

약점을 드러내는 것은 자신뿐만 아니라 주위를 위해서도 꼭 필요합니다. 그런데 '약점을 보이기 싫다', '남한테 신세지기 싫다'며 아직도 얼마나 많은 사람들이 고독에 빠져 있을까요?

○ 강한 사람은 약점을 보여 주변 사람도 강하게 만든다

새로운 일을 피하려는 사람
남다른 일에 도전하는 사람

50대 회사원 친구들이 가끔 이런 얘기를 합니다.

"이제 정년도 다 됐으니, 쓸데없는 일은 하지 말고 현상 유지나 하는 안전 운전으로 가자."

"이제 와서 새로운 일을 힘들게 하고 싶진 않아."

그런데 한 관리직 여성은 지금까지 경험하지 못한 일에 굳이 도전하거나 아예 새로운 기획을 시작하고 있다며 다음과 같이 말했습니다.

"베테랑이 되면 다소 어려운 일이라도 경험에 비추어서 '이렇게 하면 그럭저럭 되겠다'는 계산이 나와요. 하지만 처음 하는 일은 전망이 보이질 않으니까 필사적으로 덤벼들게 되죠. 그래서 매일 '나는 이런 것도 몰랐구나!', '아, 이렇게 하면 되는구나!'라고 깨달으므로 오히려 일이 재미있어지더라고요."

즉 익숙한 환경에서 익숙한 일을 하면 안심은 되나 성장이 없답니다. 여태 안 해 본 일을 하면 힘들더라도 새로운 발견을 하고 자기 잠재력도 실감할 수 있으니 즐겁다는 것입니다.

편안한 장소에 만족하면서 '나는 이대로 괜찮을까?'라고 은근히 불안해하는 사람이 많을 것입니다. 성장하려면 그 편한 곳을 박차고 나가야 합니다.

큰일이 아니어도 됩니다. 둘러보면 회사 안에도 '해 본 적 없는 일', '아무도 하려 들지 않는 일'은 있습니다. 처음에는 쉬운 일부터 스스로 나서서 해 보세요. 분명 새롭고 뿌듯한 느낌이 들 거예요.

결과야 어떻든 간에 '나도 아직 할 수 있는 일은 있다'는 믿음이 생깁니다. 50부터는 그런 작은 자신감이야말로 삶을 이끌어 가는 원동력이 될 것입니다.

○ 새로운 일에서 자신의 가능성을 확인하라

비판받으면 화를 내는 사람
다른 의견에 감사하는 사람

별로 좋아하진 않지만, '꼰대'라는 말이 있습니다. 시대에 맞지 않는데도 자기 생각만 내세우며 폐를 끼치는 사람을 뜻합니다.

40~50대에도 그 예비군은 꽤 있는데, 남의 의견을 듣지 않는 것이 큰 특징이죠. 그런 사람은 새로운 의견이 나와도 일단 부정하고 봅니다. 비판을 받으면 꿍해 있거나 화를 낼 뿐 귀를 기울이지 않습니다. 혹여 사장이나 상사 등 윗사람이 고집이 세고 주장을 굽히지 않는 꼰대라면 아랫사람은 참을 수밖에 없습니다.

반면 겸허하게 주위의 목소리를 경청하고, 비판을 받아도 '하기 어려운 말을 해 줘서 고맙다'며 호의를 표시하는 사람도 있습니다. 그는 자기 생각이 전부가 아님을 알기 때문에 종합적으로 참고하죠. 또 위에 있는 입장이니까 자신의 보신이 아니라 전체상을 조감하여 아래의 의견을 수렴하는 것을 중시합니다. 그래서 주위에서도 부담 없이 아이디어를 내고 의욕적으로 일에 임하는 것입니다.

누구나 자기 의견을 반박당하면 기분이 좋지 않습니다. 그래도 가까운 상대일수록 듣는 자세가 중요합니다. 받아들이느냐 마느냐를 떠나서, 이야기만 잘 들어 줘도 상대는 존중받았다는 기분이 들 테니까요.

여러 상황에서 내 말만 하기보다는 남의 말을 듣는다면 자연스럽게 비판에도 관심이 가겠죠. 나이 들수록 의견을 제시해 주는 사람이 적기 때문에 솔직히 의견을 내놓을 수 있는 환경을 조성하는 것이 좋습니다.

○ 다른 의견을 들을 줄 알아야 사고가 유연해진다

입을 봉하고 주변에 맞추는 사람
자기 의견을 분명히 전하는 사람

자기 의견을 굽히지 않고 밀어붙이는 것도 문제이지만, 자기 의견을 말하지 않는 것도 본인이나 주위에는 도움이 되지 않습니다.

가끔씩 의견을 요청해도 '젊은 사람의 일에는 참견하지 않는 게 좋다', '우리 시대와는 다르다'며 자신을 제외하는 사람이 있습니다. 그러면 주위에서도 투명 인간처럼 취급합니다. 항상 주위의 분위기를 살피고, 자기 의견이 맞는지 그른지 신경 쓰다 보면 입을 봉해 버리게 됩니다.

그러나 50대부터는 자기 의견을 제대로 표명하는 것이 좋습니다. 의견을 전달하는 것은 당사자로서 관여하겠다는 뜻이니까요. 지식이나 경험을 쌓았으니 반드시 의견은 있기 마련입니다. 의견을 밝힐수록 주위의 시선은 집중되고 기대감은 높아집니다.

따라서 본인도 안건을 하나하나 진지하게 검토함으로써 의견을 가다듬게 됩니다. 그것이 자신과 주위도 성장하고 화합하는 비결이죠.

눈치를 너무 살피거나 상대 의견을 부정하지 말고, '심플하고 온화하게' 의견을 말해야 합니다.

현대인들은 정보가 많아도 그것을 나름대로 걸러서 의견으로 만드는 데는 서툰 듯합니다. 가까운 친구나 가족과 정치·사회의 화제 및 세상 이야기로 의견을 교환해 보세요. 자기 의견을 표현하고 전달하는 훈련이 될 것입니다.

○ 50대부터는 자기 의견을 갖는 것 자체에 의미가 있다

젊은이와 경쟁하는 사람
젊은이를 포용하는 사람

누구나 우월 의식이 있는 듯합니다. 특히 나이 든 사람은 젊은이한테 지기 싫으니까 자신도 모르게 우위를 선점하려 듭니다. 자신은 아니라고 믿고 싶겠지만, 다음 몇 가지 예를 살펴봅시다.

- '대충해도 될 텐데…'라고 은근히 비꼰다.
- 예전 방식이 낫다며 새로운 의견은 뭉개 버린다.
- '나 때는 말이야'로 왕년의 고생담을 늘어놓는다.
- 남이 모르는 전문 용어로 지식을 과시한다.

전부 '나를 인정해 달라'는 승인 욕구에서 나온 것입니다. 이러면 상대 젊은이도 기분이 상해 '별거 아닌데'라고 반발 합니다. 결국 대립 구도가 형성되죠.

반면 나이 들어도 젊은이를 자기편으로 만드는 사람은, 거꾸로 자신부터 상대를 인정해 줍니다.

예전 상사 중에 결점이 많고 일도 못하는데, 부하들에게 인기가 좋은 사람이 있었습니다. 일을 시킬 때는 '부탁 좀 할게'라고 살살 말하는 데다 부하의 업무 평가까지 제대로 해 주었으므로 싫어할 수가 없었죠. 그 외에도 그는 칭찬, 경청, 말 걸기, 이름 부르기, 먼저 인사하기, 고마워하기, 과자 갖다주기 등 상대의 기분을 조금씩 돋울 만한 언행을 이따금 반복했습니다.

나이 많은 사람에게 인정받는 것은 상상 이상으로 기쁜 일이죠. 그래서 부하들은 '지식이 풍부해서 존경한다', '상사가 독립하면 따라가고 싶다'고 했을 정도랍니다.

개인화가 진행된 현대에는 누구나 인정받고 싶어 하는데, 인정해 줄 사람은 압도적으로 부족합니다. 젊은이를 먼저 인정해 줘야 진짜 어른이 아닐까요?

○ **젊은이를 인정해 주면 존경과 지지가 돌아온다**

하고 싶은 일을 미루는 사람
하고 싶은 일은 해 보는 사람

우리는 아무리 하고 싶은 것이라도 미루는 습성이 있습니다. '휴일에 영화 보러 가자!'며 약속해 놓고 당일이 되면 귀찮아져서 방에 콕 박혀 있지는 않나요?

기분이나 의지에 맡겨 버리면 미루기 쉽습니다. '가족 여행을 가고 싶다', '친정의 짐을 정리하고 싶다', '헬스장에 다니고 싶다', '중국어를 배우고 싶다' 등등 하고 싶은 일이 있어도 돈과 시간이 없다고 핑계를 대며 몇 년째 실천하지 않는 사람도 많습니다.

아무 스트레스 없이 곧바로 할 수 있는 사람은 극히 드물죠. 대부분은 뭔가 이유가 있어 하지 못하는 상황이 아닐까요? 그래서 하고 싶은 일을 실행하는 사람은 다음과 같이 여러모로 궁리하게 됩니다.

- 준비가 충분하지 않아도 일단 시작한다.
- 간단히 할 수 있는 일부터 착수한다.
- 수첩에 써넣고 다른 일정을 잡지 않는다.
- 완벽을 추구하지 않고 주위에도 의지한다.
- 실행하기 쉬운 환경을 조성한다.

하고 싶은 일이라도 실제로 해 보면 생각과 다른 경우가 있습니다. 그래서 '일단 해 본다'는 거죠. 50부터 일단 해 보는 사람과 계속 미루는 사람의 행동량은 몇 년, 수십 년이 지나면 굉장히 크게 벌어집니다. 행동량의 차이는 자신감과 성장의 차이가 되어, 막상 큰 도전을 할 때 버팀목이 될 것입니다.

○ **일단 해 보면 근거 없는 자신감이 싹튼다**

남과 같은 일을 하는 사람
남과 다른 일을 하는 사람

　회사 안에서는 주위에 맞춰 남과 같은 일을 하는 사람이 좋다고 여겨지기 쉽습니다. 그러나 넓은 세계로 나아가면 남과 다른 일을 하는 사람이 압도적으로 잘 되어 살아남습니다.

　남과 다른 일을 한다는 것은 '횡적 관계 속에서 자신만의 자리를 점한다'는 말이겠죠. 예를 들어 회사에서도 '이 사람밖에 못하는 일'이 있으면 편리하고, 거기에 부수되는 일도 생겨납니다.

　대만에 사는 일본인으로 이벤트나 TV 출연 때 기모노를 입는 친구가 있습니다. 그것이 눈에 띄고 화제가 되어 여기저기서 제의가 들어온답니다. 이처럼 남과 다른 것은 개성을 표현하는 메시지이기도 하죠. 또 남이 하지 않는 '틈새'야말로 사업 기회가 됩니다.

제가 사는 지역에 인기를 끄는 가사 대행업체가 있어요. 저도 몇 달을 기다린 끝에 얼마 전에 서비스를 받았습니다. 그때 들어 보니, 처음에는 보육사와 영양사가 중심이 되어 산전 산후에 가사를 대행하기 시작했다고 합니다.

'산후 3주간 산모에게 가장 중요한 일은 누워서 쉬는 것'이라는 생각으로 아기를 씻기고 재우는 일, 큰아이를 학교와 학원에 데려다주는 일, 요리·세탁·청소 등을 싹 다 대신해 줄 뿐만 아니라 먼 곳에서 출산하여 의논할 사람이 없는 산모들의 상담까지 받아 준다는 것입니다. 대기업은 이런 세심한 서비스를 좀처럼 할 수가 없습니다.

50부터는 회사는 물론 사회에서 공헌할 수 있는 틈새를 찾아보세요. 그러려면 일단은 남과 다른 일을 긍정적으로 보는 시각이 필요하죠. '주위와 같아지기'를 포기하고 나면 지금까지 그것을 얻기 위해 얼마나 방대한 시간을 소모했는지 깨닫게 될 것입니다.

○ **남과 다른 일을 해야 경쟁 없이 자리를 잡할 수 있다**

배움은 끝났다고 하는 사람
새로운 배움을 즐기는 사람

50부터 '이제 와서 뭘 배워?'라고 배움에 부정적인 사람과 '새로운 것을 배우는 일은 즐겁다'고 배움에 적극적인 사람의 차이는 조금만 대화해도 알 수 있습니다.

배울 마음이 없는 사람은 과거의 경험과 지식에만 의존하여 옛날이야기만 늘어놓으므로 지루합니다. 반면 새로운 것을 배우는 사람은 '이제야 ○○을 겨우 이해했다', '처음 ○○을 해 봤는데 재밌더라'는 식으로 현재에 충실하기 때문에 생동한 이야기가 솔깃합니다.

당장은 필요가 없으니까, 배우지 않으려는 사람은 배움 자체를 '하기 싫은 공부'처럼 제쳐 두고 있는지도 모릅니다. 그러나 화석이 된 지식이나 경험만 가지고 향후 수십 년을 버티면 현상 유지는커녕 퇴화하고 맙니다.

'나는 독서로 충분히 배운다', '유튜브로 배운다'는 사람이 있는데, 물론 아무것도 하지 않는 것보다야 낫겠죠. 하지만 머리에 정보를 입력하기만 하면, 좀처럼 자기 것으로 만들기 어렵습니다.

자신을 변화시키려는 사람은 손발을 움직여서 지금까지 해 본 적이 없는 것을 배우고 있습니다. 처음 접하는 요리·악기·스포츠·예술·서예·어학·시…. 문화 센터나 개인 강좌, 줌 강의 등 배움터는 산더미처럼 많죠.

저는 최근에 다도를 시작했습니다. 초보자로서 낯선 이들과 함께 배우는 긴장감이 좋더군요. 새로운 정보를 얻고 새로운 발견을 하면 배우는 것도 더 즐겁죠. 집에서 가벼운 다회를 열겠다고 약속까지 해 버렸답니다.

성인의 배움은 이전과는 다른 관점을 만들어 내서 인생을 성숙하게 해 줍니다. 아무쪼록 자신을 새롭게 하기 위해 1년에 하나라도 배워 보면 어떨까요?

○ 배움에 늦은 때란 없다

같은 세대의 친구밖에 없는 사람
다양한 연령의 친구가 있는 사람

50대부터 활약하는 사람은 성별·연령을 따지지 않고 폭넓게 친구를 사귑니다. 반면 별로 성장하지 못하는 사람은 동기 동창 등 또래끼리만 뭉쳐서 먹고 마시죠.

또래와 어울리면 '옛날에 그런 일이 있었지', '노안이 왔네'와 같은 대화로 공감할 부분이 많아서 편합니다. 그러나 편한 만큼 얻는 것도 뻔합니다.

그런데 50대가 20대와 대화한다고 칩시다. 공통 화제가 적으므로 상대의 흥미나 현상 따위를 이해하려는 노력부터 시작합니다.

'그런 게 유행이야?' '그런 식으로 정보를 수집하면 돼?'라고 배우거나 상대의 고민에 조언할 수도 있어요. 서로의 단점을 보완해 주는 것이죠.

연상의 친구도 소중합니다. 건장한 70~80대 친구들과 얘기할 때마다 '나도 힘내자'고 용기를 얻습니다. 생활의 지혜를 배우거나 노부모님의 간병에 대한 조언도 받지요. 서로를 걱정하며 일이 없어도 안부 전화를 할 수 있는 나이 지긋한 친구가 있는 것은 행복한 일입니다.

다양한 연령대의 사람들을 만나려면 행동 범위를 넓혀야 합니다. 평소에 안 가던 곳을 가거나 새로운 동아리에 참여하는 거죠. 요즘은 SNS로 알게 되는 경우도 많아졌습니다. 자신이 열중하고 있는 활동을 주제로 게시하면, 관심사가 비슷한 사람이 접속하게 됩니다.

저는 반년쯤 전 콘서트에 갔을 때 옆에 앉은 멋진 70대 여성이 "어디선가 만난 적 있죠?"라고 말을 걸어서 대화가 풀리기 시작했습니다. 그 이틀 후에 집을 방문했고, 지금은 자고 올 만큼 친해졌답니다. 그러니까 작은 기회를 놓치지 않는 것도 친구를 사귀는 비결인 듯합니다.

○ 연령대가 다른 친구는 서로의 성장을 더 도울 수 있다

제7장

50부터 꽃피는 사람과
시드는 사람의 습관 Ⅲ

휴일을 TV나 게임으로 보내는 사람
시간을 아껴 중요한 일에 쓰는 사람

평일에는 열심히 일하던 사람도, 아니 그런 사람일수록 휴일에는 녹화해 놓은 드라마를 연달아 보는 것이 유일한 숨구멍인 경우가 있습니다. 또 틈만 나면 게임이나 인터넷 서핑을 하는 중년들도 많아진 듯합니다.

TV나 게임이 나쁘다는 말이 아닙니다. 다만 무제한으로 빠져들거나 더 중요한 일에 시간을 쓰지 못하게 되는 것이 안타깝습니다. 스마트폰·PC·TV·게임 등 시각을 사용하는 오락은 생각보다 뇌를 혹사하므로 오래 하다 보면 굉장히 피로해집니다.

TV나 게임에만 의존하면 현실 생활에서 결핍감·소외감을 느낀다고 합니다. 자신이 어떤 일에 시간을 쓰고 싶은지 모르기 때문에 시간을 도둑맞고 있는지도 모릅니다.

그런 사람은 틈새 시간을 TV나 게임으로 메울 것이 아

니라 잠시라도 산책·요리·정리 등 몸을 움직이는 데 사용
해 보면 어떨까요? 단순한 신체 활동을 하는 동안 자신과
마주할 여유도 생깁니다. 머릿속에서 TV와 게임을 쫓아내
야 자발적으로 뭔가를 하려는 생각이 들 것입니다.

50~60대에 건강하게 활약하는 사람은 퇴근 후나 휴일
에도 스스로 자기 활동을 이어갑니다. 가족끼리 지내거나
혼자 느긋이 쉴 때도 있지만, 운동·취미를 즐기고 배움에
열중하며 친구들과 떠들썩하게 어울리기도 합니다. 그것은
'자신에게 무엇이 풍요로운 시간인가'를 잘 알고 있기 때문
이겠죠.

시간이 남아돌아서 주체 못 하는 사람은 생활 계획표를
짜야 합니다. 일테면 '오늘은 ○○하는 날, 오전에는 ○○,
오후에는 띵가띵가' 등 자기 마음대로 느슨한 시간표를 만
들어 보세요.

○ 스스로 자신을 좋아할 수 있는 생활을 계획하라

잘 안되면 포기하는 사람
잘 안돼도 극복하는 사람

하기 전부터 포기하는 것은 문제지만, 하다가 잘 안된다고 바로 포기하는 것도 문제입니다. 그런 사람은 하고 싶은 일을 좀처럼 실현할 수가 없습니다. 스스로 인생을 개척하려면 잘 안되는 일이 당연히 있다고 생각하며 다른 방법을 찾아야 합니다.

예를 들어 하고 싶은 일인데 재취업이 잘되지 않았을 때, '역시 나이 때문에 안 돼'라고 선뜻 포기하는 사람이 있습니다. 반면 포기하지 않는 사람은 '다음에 다시 도전하자', '재취업은 어려우니 아르바이트부터 시작하자', '내 회사를 차릴 수도 있겠다'며 다른 방법을 강구하죠.

새로운 취미를 시작할 때도 마찬가지예요. 조금만 삐긋하면 그만두는 사람도 있지만, 회원을 찾고 목표를 세우는 식으로 시행착오를 겪는 사람도 있습니다.

다만 '못하는 일', '하기 싫은 일', '스스로 바꿀 수 없는 일'은 얼른 포기하는 것이 좋아요. '꼭 실현하고 싶은 일'에만 시간과 에너지를 쏟아야 하니까요.

제 친구 중에 '빈집을 수리해서 살고 싶다' '컨테이너 하우스를 만들고 싶다' 등 어려울 것 같은 일도 단기간에 해내는 사람이 있습니다. 물론 잘 안 되는 일도 많습니다. 육체노동도 별로 못 한답니다. 하지만 어디선가 저렴한 일손이나 재료를 마련하여 자기 방식대로 실현하고 있습니다. 아마 연륜과 지혜를 활용한 덕분이겠죠.

하고 싶은 일을 포기하기에 50대는 아직 너무 젊습니다. 일·행복·배움·건강·외형 등 어느 것 하나도 포기하지 말고 자기 나름의 방법을 찾아보세요. 그러면 원하는 것을 얻을 때가 올 것입니다.

○ 열정을 기울일 만한 일에 힘을 쏟고 시행착오를 겪자

남의 말 듣기를 싫어하는 사람
남의 말 듣기를 좋아하는 사람

남의 말을 듣지 않고 자기 말만 하면, 비록 악의는 없더라도 주위에서 따돌림당합니다. 남에게 관심이 없고 승인 욕구가 강한 사람은, 결국 '내가 더 아니까 상대 얘기는 들을 가치가 없다'고 생각하는 거겠죠.

나이 들수록 자신을 윗사람으로 착각하여 남의 말을 듣지 않거나 자기 말을 강요하는 사람이 많아집니다. 하지만 인간관계에서 중요한 것은 '누구나 자신을 알아주는 사람을 좋아한다'는 사실입니다.

예전에 한 70대 유명 작가와 몇 명이서 식사한 적이 있습니다. 모두가 그의 이야기를 듣고 싶어 하는데, 그는 오히려 다른 사람들의 이야기를 들으려 했습니다.

"그래? 그거 재밌네."

정말 즐거워하며 물어봐 주더군요. 당연히 모두가 더욱

그의 진짜 팬이 되었죠.

이처럼 내가 먼저 상대를 이해하면 상대는 나를 더 이해하게 됩니다. 50부터는 남의 말을 들으려는 큰 그릇이 필요합니다.

혹시 상대의 말을 듣지 않는다고 생각하는 사람은, 자기말을 한 후에 "○○ 씨는 어때?"라고 물어봅시다. 그리고 "그럴 수 있지!", "그거 의외네?"라고 몸짓과 표정을 섞어 호응해 주세요.

이때 주의할 점은 상대의 얼굴을 똑바로 봐야 한다는 것입니다. 말을 안 듣는 사람은 상대를 거의 안 보기 때문에 얼굴에 담긴 정보를 놓치게 됩니다. 상대의 표정을 제대로 읽어야 무슨 말을 하고 싶은지, 마음이 어떤 상태인지를 살피면서 말실수나 엉뚱한 대화도 막을 수 있습니다.

○ 남의 말도 들어야 자신의 세계를 넓혀 갈 수 있다

돈을 아껴 노후에 대비하는 사람
현재에 돈을 써서 성장하는 사람

50살 이후 성장하지 못하는 사람은 돈 쓰는 양도 줄어듭니다. 노후를 위해서 조금이라도 더 저축하다 보니, 자신의 성장을 위해서는 거의 돈을 쓰지 않습니다.

하지만 돈을 아끼려다가 결국 돈을 낭비하게 될 수도 있습니다. 가격만 보고 불필요한 물건을 사거나 물건의 질이 낮아 여러 번 교체하거나 건강 관리를 게을리하여 치료를 받다 보면 여기저기 계속 돈이 빠져나가니까요.

현명한 사람은 정말 필요한 곳에만 돈을 쓰고 중요한 일에는 아낌없이 지출을 늘립니다. 장래를 대비해 약간 저축하나, '지금보다 더 많이 버는 사람'이 되기 위해 자신에게 과감히 투자합니다. 무언가를 배우고, 새로운 경험을 하고, 사람을 만나고, 공동체에 속하고, 책을 읽고, 건강을 유지하고, 남을 기쁘게 하는 등 '현재'에 돈을 써야 나중에 돈을 번다는 사실을 잘 알기 때문입니다.

미국의 사업가 짐 론(Jim Rohn)은 '5명의 법칙'을 말했죠. '당신과 가장 많은 시간을 보내는 5명의 평균이 바로 당신'이란 경구입니다. 즉 연봉(생활 수준)·지성·정신성·경험·목표 등이 비슷한 사람들이 모여 서로 영향을 끼친다는 거예요. 이 법칙은 왠지 그럴싸하지 않나요? 공감할 수 있는 사람과는 장단이 맞고 좋은 자극을 주고받으므로 당신이 성장하면 자연스럽게 사귀는 사람도 달라집니다.

50부터는 일과 생활을 더욱 충실하게 하고 싶으면, 자기 자신에게 돈과 시간과 수고를 들여서 배워야 합니다. 다만 무작정 자기 계발에 투자하는 것이 아니라 '나는 어떤 일로 남을 기쁘게 할 수 있는가'라는 기준을 갖고 장래의 모습을 그려 나가는 것이 중요합니다.

○ 돈을 내고 새로운 가치를 얻자

나이 들어 외모를 포기하는 사람
나이 들어 외모를 중시하는 사람

나이 들면 '겉모양에 연연하지 않아도 된다', '실속으로 승부하면 된다'며 외모를 포기하는 사람은 객관성이 없고 외형의 중요성도 깨닫지 못합니다. 특히 조직을 떠나 개인으로서 활동을 시작할 때는 '○○사에서 △△를 담당하는 ✕✕ 씨'라는 과거의 직함이 아니라 현재의 외모부터 눈에 들어오게 되죠.

아무리 내면이 훌륭해도 촌스럽고 어수선하며 불결하면 주위에서도 좀처럼 일을 맡기고픈 기분이 안 들 것입니다. 젊을 때는 싼 옷을 입고 어떤 헤어스타일을 해도 왠지 모르게 그럴듯하지만, 나이 들면 쉽지 않습니다. 50 이후에는 외모를 중시하는 사람과 그렇지 않은 사람의 차이가 점점 벌어집니다. 타고난 미모·키·몸매보다 자신에게 어울리는 스타일을 알고 멋을 즐기는 것이 더 중요하죠.

제 친구 중에는 70대인데도 늘 청바지 차림으로 다니며, 겨울에는 가죽점퍼에 실크 스카프, 여름에는 화려한 무늬 셔츠를 입는 남자가 있습니다. 80대까지 뾰족한 힐을 신고 외출하고 싶다는 60대 여자도 있습니다. 그렇게 자신만의 패션을 고집하는 것은 어쩌면 '난 이런 사람이니 잘 부탁해' 라고 메시지를 띄우는 격이 되겠지요.

특별히 취향도 없고 자신한테 뭐가 어울리는지도 모르는 사람은 남에게 조언을 꼭 받아 보세요. 가족이나 친구 가운데 세련된 사람의 도움을 받는 것이 이상적이지만, 어려운 경우에는 단골 옷 가게나 미용실에서 친숙한 직원을 만들어 놓고 맡기면 좋을 것입니다. 가끔은 다른 사람에게 점검받으면서 멋진 자신을 연출하시기 바랍니다.

○ 자신을 멋있고 아름답게 객관적으로 관리하자

어떤 손해도 싫어하는 사람
작은 손해는 감수하는 사람

　노후가 불안한 사람은 자칫 초조하여 '손해가 되는 일은 하고 싶지 않다'고 이해타산적으로 움직이기 쉽습니다.

　가령 '쓸데없는 말을 하면 나만 손해 볼 뿐이다', '도움이 안 되는 이들은 만날 필요가 없다'고 하는 사람은 계산적인 속내가 훤히 보입니다.

　이런 사람은 재취업을 준비할 때도 '일 내용이야 어쨌든 수입이 많은 회사가 좋다', '급여도 적은데 힘든 일은 싫다'면서 금전적 손익 계산에 따라 선택합니다.

　비즈니스에서는 합리적으로 득실을 따지는 것이 당연한 일입니다. 그러나 50부터 꽃피는 사람들은 별로 득실을 생각지 않고 '내가 해 줄 수 있는 일'을 열심히 합니다. 하여 신뢰가 많이 쌓이죠.

　'손해'라고 해 봤자 큰 손해는 아니고 조금 노력하는 것

뿐이랍니다. 소소하게 일을 거들고, 어떤 역할을 맡고, 뭔가 가르치고, 고민을 듣고, 남에게 받은 것을 다시 나눠 주는 정도니까요. '그런 건 일도 아니에요'라고 가볍게 해치우다 보면 여기저기서 고마워하겠죠. 당신을 위해 발 벗고 돕는 사람도 나타날 것입니다.

즉 손익 계정이 아니라 인간관계를 구축할 수 있습니다. 이익을 좇으면 반드시 손해가 따라오고, 손해를 감수하면 반드시 이익이 따라옵니다.

50이 넘으면 너무 손익 계산을 하지 않는 편이 좋습니다. 손해를 선택하는 사람에게서는 어른다운 여유와 인간적인 매력이 느껴집니다.

누구나 인생 전반에는 남에게 이런저런 혜택을 받으면서 성장하게 마련입니다. 그러므로 후반에는 자기만의 득실을 넘어 사회를 위하고 다음 세대를 위하는 관점에 설 필요가 있습니다.

○ **50부터는 이해관계가 아닌 인간관계가 삶을 지탱한다**

감동한 그것으로 끝나는 사람
감동한 이유를 생각하는 사람

50부터 꽃피는 사람은 다양한 것에 감동합니다. 아름다운 자연, 따뜻한 인정, 깊은 문화와 역사, 뛰어난 예술, 다른 사고방식…. 특히 누군가의 일에 대해서 '대박!'이라고 마음이 움직였을 때 감동만 받는 것이 아니라 '왜 이렇게 대단하지?'라고 생각하는 버릇이 있습니다.

예를 들어 요리사의 솜씨에 '이 고기를 부드럽게 하는 데 상당한 시간이 걸리지 않았을까?', '이 소재의 조합은 의외였다!'는 식으로 곰곰이 헤아려 보는 것입니다. 이를 상대에게 전하면 '인정의 뜻'이므로 무척 기뻐합니다.

일하는 모습에도 감동할 때가 많습니다. 저는 단골 딜러에게 자동차 관리를 부탁하면 항상 새 차처럼 반짝반짝 돌아와서 '이렇게까지 해 주시다니!'라고 감탄합니다. 또 목수의 정교한 솜씨나 건축사의 기상천외한 아이디어에 놀라기도 하죠. 그리고 일이나 상품 안에 스토리가 있으면 깊은 감명을 받습니다.

제 친구 중 70대까지 20년에 걸쳐 산을 개척하여 숲을 만들고 이상적인 호텔을 지은 사람이 있습니다. 식재료는 대부분 자가 재배하고 집기나 가구도 산에서 나무를 베어 손수 만든답니다. 저는 자연에 무조건 감동하고, 오랜 시간을 들이면 감동하며, 열정과 신념과 고난이 있으면 더 감동합니다. 그러니 이 호텔은 한마디로 감동의 파노라마라고 할까요?

일이란 뭔가 감동을 줘야 가치가 있는 것입니다. 감동할 때마다 '왜?'라고 스스로 물어보세요. 그 습관을 자꾸 길러 가면, 어느새 '나도 감동을 주는 사람이 되자'고 노력하게 될 것입니다.

○ 감동 에너지는 나를 바꾸고 남을 기쁘게 한다

10년 후를 생각하지 않는 사람
10년 후의 나를 생각하는 사람

'10년 후의 일은 생각할 수 없다'고 하는 사람도 있을지 모릅니다

저도 1년 단위로 계획을 세우고 '되는대로' 살아왔기 때문에 앞일은 세세히 정하지 않으려 합니다. 하지만 '10년 후 이렇게 되면 좋겠다'는 막연한 목표는 있습니다. 꿈이나 희망이 있어야 날마다 즐거우니까요. 게다가 일하다 보면 '이런 일을 해 보고 싶다', '이것을 잘하고 싶다'는 욕심은 생기게 마련이죠.

왠지 모르게 '10년 후의 나'를 염두에 두면 무의식의 안테나가 세워져 사람과 정보와 기회가 모여듭니다. 반대로 '10년 후의 나'를 전혀 생각지 않으면 '이것도 하고 싶다', '저것도 하고 싶다'며 헤매거나 불안해하는 경우도 많을 것입니다.

'10년 후의 나'라고 해도 '2억 원을 모으겠다'는 식으로 구체적이지 않아도 됩니다. 설레는 마음을 이정표로 삼아 사람·직업·주거 측면의 이상적인 라이프 스타일을 대강 그려 보면 좋을 것입니다.

예를 들어 '10년 후에는 마음 맞는 친구와 공동체를 만들어 서로 도우며 살고 싶다', '주 3일만 일하고 나머지는 지역 공헌 활동을 하고 싶다', '자연이 풍요로운 곳으로 거처를 옮겨 원격으로 일하고 싶다' 등이면 충분하죠.

다만 인생을 즐기려면 내가 어떤 '놀이'를 하고 싶은지, 어떤 사람과 어떤 장소에 있을 때 기분이 좋은지를 반드시 알아야 합니다. 중간에 마음이 변하거나 사정이 생기면 궤도를 수정해도 괜찮아요.

우리가 10년 후의 자신을 생각하는 목적은 그것을 실현하는 데 있기보다 설레며 열중하는 최고의 지금을 만들어 쌓아 가는 데 있습니다.

○ '10년 후의 나'와 '1년 동안 할 일'을 함께 생각하자

앞날을 비관하는 사람
앞날을 낙관하는 사람

50대부터 '앞이 안 보이니 불안하다'고 장래를 비관하는 사람이 많습니다. '이제 와서 좋아질 것 같지 않아', '지금보다 더 벌 수는 없어'라고 걱정합니다.

반면 50부터 꽃피는 사람은 '앞이 안 보이니 즐겁다'며 장래를 낙관합니다. '어쩌면 의외로 멋진 변화가 생길지도 모른다', '뭔가 재미있는 역할을 찾을 수 있을 듯하다'는 식으로 기대를 하죠.

길은 낙관적으로 보는 이들에게 열립니다. 막연하게나마 밝은 미래를 그리다 보면 하루하루가 밝아지고 밝은 일이 일어나기 마련입니다.

50부터는 진정한 의미에서 자신으로 살 수 있는 무대에 들어섭니다. 연봉, 직함, 회사의 지명도 따위에 의존하거나 주위의 시선에 휘둘리지 않고, 하고 싶은 일과 보람 있는 일을 선택할 수 있습니다. 이제는 생활과 인간관계, 배움을 포함한 모든 인생을 놀 듯이 즐길 수도 있죠.

뭐니 뭐니 해도 50대는 아직 발언력과 영향력이 큽니다. 가까운 곳, 작은 부분부터 뭔가를 바꿔 나갈 힘이 있어요. 일이 잘 안되더라도 그냥 넘어가거나 빠져나올 만한 지혜도 있습니다.

지금은 편안한 위치에 있지만, 시간이 한정되어 있다는 사실을 잊지 마세요. 그러니까 미래를 비관할 때가 아니라 하고 싶었던 일을 해 보면서 현재를 즐길 때입니다.

인생을 밝게 사느냐 어둡게 사느냐는 자기 선택에 달려 있습니다. 50부터 꽃피는 사람은 언제 어디서든 밝은 쪽을 보며, 지금 할 수 있는 일을 열심히 합니다.

○ 장래를 낙관하면 하루하루가 즐겁다

50부터는 성공도 실패도 없다

2023년 4월 10일 초판 1쇄 인쇄
2023년 4월 15일 초판 1쇄 발행

지은이 아리카와 마유미
옮긴이 노경아
펴낸이 류현석

펴낸곳 21세기문화원
등 록 2000.3.9 제2000-000018호
주 소 서울 성북구 북악산로1가길 10
전 화 923-8611
팩 스 923-8622
이메일 21_book@naver.com

ISBN 979-11-92533-04-9 03190

값 16,000원